Herstellung: Books in Time
Hamburg

Mein Weg zum Glück

Thomas Klüh

Mitglied des Ella Kensington Teams

Rotblatt

Ihr alternativer Buchverlag

Die Deutsche Bibliothek – CIP-Einheitsaufnahme
Ein Titeldatensatz für diese Publikation ist bei der Deutschen Bibliothek erhältlich

Titelbild von Helga Rikken.

ISBN 3-937221-17-4

Rotblatt im Katercom Verlag – Viersen
Tel. 02162-97 99 37; Fax 02162-97 99 35
www.rotblatt.com

Inhalt

Über mich

Am 8. Juni 1962 erblickte ich in Wiesbaden das Licht der Welt und lernte natürlich schon ziemlich früh, wie man sich Probleme schaffen kann. Ich war ein „ganz normaler Junge", der immer wieder gerne ausgegrenzt wurde und sich mit seinen Allergien und sonstigen Krankheiten zu „wehren" wusste. Aufgrund meiner Erziehung hatte ich ein Weltbild, das auf Zufällen und Schicksal basierte, und wenn man etwas haben wollte, musste man etwas dafür tun.

So kam es, dass ich Maschinenbau studierte und danach als Manager in einem amerikanischen Konzern beschäftigt war. Auch hier erlebte ich wieder meine altbekannten Probleme, die sich wie ein roter Faden durch mein ganzes Leben zogen. Nur komisch, dass sonst niemand die gleichen Probleme hatte. Aber was soll's.

Doch dann kam eine entscheidende Wende.

Ich fing an zu hinterfragen, ob es wirklich ein Schicksal gibt und ob man diesem gegenüber machtlos ist. So beschäftigte ich mich mit so ziemlich allem, was auf dem „Esoterikmarkt" angeboten wurde – natürlich auch mit Akupunktur. Und hier wurde ich durch ein „Missverständnis" mit einer Realität konfrontiert, die mein Leben verändern sollte. Ein kompetenter Therapeut sagte beiläufig, dass man Akupunkturpunkte sehen und sich auch in

Menschen hineinfühlen könne. Ich glaubte ihm das einfach so und übte so lange, bis ich es konnte. Als wir uns später darüber unterhielten, fiel er fast vom Hocker, denn er hatte das damals gar nicht ernst gemeint. Nun ja, jetzt war's halt passiert. Nur was sollte ich denn nun mit diesen Fähigkeiten anfangen?

Zu diesem Zeitpunkt wünschte ich mir einen Freund, mit dem ich mein Wissen teilen und mich gemeinsam weiterentwickeln könnte. Da lief mir rein unzufällig Bodo über den Weg und gab mir das Skript seines Buches „Die 7 Botschaften unserer Seele" zum Probelesen. Mir war sofort klar, dass ich jetzt meinen Weg gefunden hatte. Hier erkannte ich die Zusammenhänge meines Lebens. Ich wusste jetzt, wieso ich meine Probleme immer wieder erlebte. Gleichzeitig wurde mir klar, dass es natürlich auch anders gehen kann. Bodo und ich erkannten sofort, dass uns weit mehr als „nur" eine Freundschaft verbindet – wir sind Lebensgefährten. Gemeinsam entwickelten wir weitere Erkenntnisse und natürlich auch unsere Fähigkeiten. So fand ich heraus, wie ich die Energieblockaden, die ich ja sehe, lösen konnte und was dies bewirkte. Und ich entwickelte meine Methode, direkt mit dem Unterbewusstsein anderer zu kommunizieren. So sehe ich die Ursache von Problemen, sehe dann die Lösung und stelle diese dem Unterbewusstsein des anderen direkt zur Verfügung.

Somit hatte ich nun meine Art der Beratung „gefunden", mit der ich zugleich am Bewusstsein, am Unterbewusstsein und am energetischen System ansetzte und somit dem Zweifel keine Chance mehr ließ.

Heute gebe ich Einzelberatungen, Beziehungsberatungen und Seminare zu dem Thema: „Wie schaffe ich es nur noch glücklich zu sein?" und kann es manchmal noch immer nicht fassen, wie schön das Leben sein kann. Und dabei ist es doch so einfach. Hätte ich von Anfang an gewusst, wie einfach es ist, glücklich zu sein, hätte ich mir einen langen, beschwerlichen Weg erspart. Da ich diesen Weg aber gegangen bin, möchte ich wenigstens, dass so viele Menschen wie möglich davon profitieren. Deshalb habe ich meinen bisherigen Lebensweg zu einer Geschichte zusammengefasst und darin alle wichtigen Erkenntnisse verpackt. Ich kann dir versprechen, dass es wirklich einfach ist, Liebe und alle anderen Glücksgefühle rund um die Uhr zu erleben.
Die hier beschriebenen Geschichten sind natürlich nur Momentaufnahmen. Es sind aber genau die Situationen, die mein Leben prägten. In diesem Zusammenhang ein Hinweis, damit kein falsches Bild entsteht: Dieses Buch ist chronologisch aufgebaut und beschreibt einige prägende Situationen im Zusammenhang mit meinen Eltern, die in dieser isolierten Form einen einseitig negativen Eindruck hinterlassen könnten, der so nicht zutrifft. Natürlich liebe ich meine Eltern, und natürlich lieben sie auch mich. Außerdem haben sie mir ermöglicht, das zu sein, was ich heute bin. Das ist mir aber erst heute klar.

Vorwort

Dieses Buch wurde so aufgebaut, dass du beim Lesen der Geschichte alle Vorkenntnisse, die du für die letztendliche Umsetzung benötigst, erhältst. Die eigentliche Umsetzung ist eine kleine Übung am Ende der Geschichte. Diese Übung, richtig durchgeführt, genügt, um sich auf ein glückliches Leben zu „programmieren“.

Genauer betrachtet sind die Vorkenntnisse nur nötig, um vorab alle „Abers“ zu beantworten und sämtliche Widerstände zu beseitigen. Dein Unterbewusstsein wird nämlich nichts Neues akzeptieren, wenn du Angst hast, durch diese Veränderung Schaden nehmen zu können.

Aber noch einmal ganz deutlich: Es gibt nur *eine* Umsetzungsübung in diesem Buch.

Wenn dir jedoch schon jetzt das Blut in den Adern gefriert, oder wenn du eine starke Ablehnung verspürst, stelle dir bitte drei Fragen:

„Kann ich glücklich sein?“

„Will ich glücklich sein?“

„Darf ich glücklich sein?“

Wenn du dabei auf dein Innerstes achtest und die Frage „Darf ich glücklich sein?“, verneinst, überlege dir bitte, welche Konsequenzen dies für dich hat und ob du das nicht ändern möchtest.

Im nächsten Kapitel beschreibe ich, wie das Leben eines „Ich darf nicht glücklich sein“-Menschen normalerweise aussieht.

Darf ich glücklich sein?

Bevor die eigentliche Geschichte beginnt, beschreibe ich einmal das Leben eines Menschen, der sich als Kind das Glücklichsein verboten hat:

Aus irgendeinem Grund wurde es dem Kind verboten, glücklich zu sein – entweder weil es ein Elternteil so vorlebte oder weil es sogar direkt verboten wurde. Verboten insofern, dass es direkt Ärger gab, wenn das Kind zu glücklich war. Für ein kleines Kind besteht dann aus seiner unerfahrenen Sicht gleich eine akute Lebensgefahr! So entschließt es sich, das Glück etwa bei 40 % zu halten. Bloß nicht zu glücklich!

Wie sieht nun das Leben dieses Menschen aus?

Zuerst traut er sich nie, so richtig glücklich zu sein. Das Unterbewusstsein „schraubt" förmlich die Gefühle herunter. Das funktioniert natürlich nicht sehr lange. Deshalb sucht sein Unterbewusstsein nach neuen Möglichkeiten, das Glück zu dämpfen.

So nimmt es sich möglicherweise die Gesundheit vor. Eine chronische Krankheit ist hierfür besonders geeignet – also etwas, das ihm ein dauerhaftes Unglück zu sichern vermag. Dauerhafte Schmerzen, wie ständige Kopfschmerzen, sind dafür auch gut zu gebrauchen.

Natürlich versucht der Mensch auf der bewussten Ebene ständig mit diesen Problemen fertig zu werden, was ihm meist auch gelingt. Tja, jetzt hat er zwar dieses Problem beseitigt, aber hiermit kommt das Unglück natürlich in Gefahr. Also muss etwas anderes her!

Ein tyrannischer Ehepartner ist ja auch wie eine chronische Krankheit! Also nimmt der Mensch sich dieses „Thema“, um sein Unglück zu sichern. Mit jedem Problem, das er erledigt, steigt er sozusagen in die nächste Liga auf. Die Probleme müssen ja heftiger werden, damit er sich auch ganz sicher unter 50 % Glück halten kann. Und wenn es mit dem Partner dann auch klappt, wählt er vielleicht den Beruf.

So wechselt er also ständig die „Spielfelder“ und erkennt nicht einmal den Zusammenhang. Wenn dieser Mensch nun ein Buch in die Hand bekommt, welches das Glück auf ganz einfache Weise ermöglicht, wird er es am liebsten verbrennen wollen.

Bevor du dieses Buch also verbrennst, überlege dir bitte, ob es an meiner Schreibweise liegt oder ob eine andere Motivation dahinter steckt.

So, nun beginnt die Geschichte aber wirklich.

Viel Spaß dabei!

Thomas

Klein-Thomas

Thomas, ein kleiner, vierjähriger Junge, saß mal wieder in der Badewanne. Er liebte es, hier immer mehr in eine andere Welt abzutauchen. Das warme, dampfende Wasser roch irgendwie schwer und beruhigte den ansonsten nervösen, zappeligen Kleinen. Der Schaum ragte wie weiße, schneebedeckte Berge aus dem Wasser. Die Badewanne war ein großer See mit steilen Klippen.

Winnetou, der kleine rote Indianer, kletterte gerade eine Klippe hinauf. Er wollte Büffel jagen, die dort oben grasten. Doch plötzlich ein Knall! Unerträgliche Schmerzen jagten durch sein Bein. Blut lief aus einer klaffenden Wunde. Was war nur geschehen? Der böse namenlose Cowboy hatte Winnetou aufgelauert. Schwer verletzt stürzte Winnetou von der Klippe in den See. Verzweifelt kämpfte er um sein Leben. Das Blut vermischte sich mit dem Wasser. Doch sein Überlebenswille war stark. Er schwamm zu dem weißen, schneebedeckten Berg, schleppte sich hinauf und versteckte sich vor dem namenlosen Cowboy. Es ging um Leben und Tod. Doch Winnetou war schlau. Er lockte den Cowboy in einen Hinterhalt und ...

Plötzlich wurde die Badezimmertür aufgerissen, und Thomas' Mutter schlug wutschnaufend auf den kleinen Thomas ein.

„Nein – was ist los?!“, schrie Klein-Thomas völlig verzweifelt. Gerade war er noch in seiner Traumwelt, und jetzt diese Realität!

„Was habe ich denn jetzt wieder falsch gemacht?“, fragte er sich. Doch hierauf gab es nie eine Antwort.

Bedrohliche Welt

Wie verlief denn das Leben von Klein-Thomas? Vielleicht liegt ja hier die Antwort.

Kurz nachdem Klein-Thomas das Licht der Welt erblickte, wurde ihm schon klar, dass ein Leben in freier Wildbahn echt bedrohlich war.

Warum bedrohlich? Was kann denn für ein Kind, das in einer ganz normalen Familie mitten in Deutschland aufwächst, schon bedrohlich sein?

Klein-Thomas fühlte sich nicht willkommen. Er fühlte sich nicht geliebt. Das ist für solch einen kleinen Zwerg ganz einfach lebensbedrohlich. Denn – das sagt unser Instinkt, der in einem viel gefährlicheren Zeitalter entstanden ist – wenn du „verstoßen“ wirst, musst du sterben. Verstoßen? Keine Mutter würde ihr Kind wirklich verstoßen. Aber es geht ja nicht darum, was die Eltern wirklich machen, es geht auch nicht darum, was die Eltern empfinden, es geht darum, welches Gefühl sie in uns auslösen.

Wenn sie sich also so verhalten, dass wir einfach nur das Gefühl bekommen, ausgestoßen werden zu können, bekommen wir Angst. Was aber ist denn Klein-Thomas so alles zugestoßen, dass er eben dieses Gefühl bekam?

Verwirrendes Leben

Thomas' Eltern wollten natürlich nur das Beste. Sie wollten, dass er alle Wertmaßstäbe, die sie hatten, übernahm. Denn das waren ja die einzig richtigen – aus ihrer Sicht. Aber wie schafft man es, seine Wertmaßstäbe weiterzugeben? Hierzu gibt es zwei Möglichkeiten.

Die Eltern von Klein-Thomas bedienten sich der am häufigsten angewendeten Methode: Dressur. Immer, wenn Klein-Thomas sich den Wertmaßstäben entsprechend verhielt, bekam er Zuneigung, und wenn er diesen Maßstäben nicht entsprach, bekam er Ablehnung. Klar, Ablehnung will ja jeder vermeiden. Klein-Thomas hatte ja keine Ahnung, was seine Eltern damit bezweckten, er wusste nur, dass er zum Überleben Zuneigung/Liebe, Sicherheit, Geborgenheit und Verbundenheit brauchte. Wie aber bekommt man Liebe? Was muss man tun, um geliebt zu werden? Und wie geht man mit der Ablehnung um, die einem immer wieder entgegengebracht wird? Damit kam Klein-Thomas nämlich gar nicht zurecht. Er lernte also sehr schnell, dass er manchmal Zuneigung bekam und manchmal nicht. Ihm war zwar nicht klar, warum er nicht einfach immer geliebt wurde, denn er war ja nie bewusst böse. Aber so war halt einfach das Leben.

„Okay, es scheint also so zu sein: Wenn ich lieb bin, erhalte ich Zuneigung, ansonsten Ablehnung“, wurde ihm klar.

Also versuchte er, sich doch einfach immer so zu verhalten, dass er möglichst viel Zuneigung erhielt. Das schien aber gar nicht so einfach zu sein! Denn es geschah trotzdem immer wieder, dass Klein-Thomas, obwohl er sich diesmal doch wirklich richtig verhielt, Ablehnung erntete.

„Ach so, dann scheint es wohl so zu sein, dass ich einfach nicht in Ordnung bin“, muss er sich gedacht haben. „Mit mir stimmt etwas nicht – keine Ahnung was, aber irgendetwas muss es ja sein. Klar, ich bin einfach nicht liebenswert – schade eigentlich.“

Dabei meinten es die Eltern ja wirklich nur gut. Denn er sollte es doch nicht so schwer haben wie sie. Deshalb waren einige Dinge im Leben ja so wichtig:

„Es ist wichtig, sich immer so zu verhalten, dass die Leute nicht schlecht von einem reden.

Es ist wichtig, dass man fleißig ist, dass man stark ist, dass man lieb ist, dass Jungs sich nicht wie Mädchen verhalten, dass man der Beste ist, dass man bescheiden ist, dass man sich wehrt, dass man selbstständig ist – Hilfe, mir wird schwindelig.“ Diese Liste war ja endlos und widersprach sich ständig in sich selbst.

Woher sollte Klein-Thomas wissen, ob er sich gerade wie ein richtiger Junge verhalten sollte, sich wehren sollte oder lieb sein sollte? Er verhielt sich also immer so, wie er es für richtig hielt. Nur ob das dann die Eltern genauso sahen, stand in den Sternen. Und das machte sie so unberechenbar. Es war nie wirklich abzusehen, ob er jetzt Zuneigung oder Ablehnung ernten würde.

Was Klein-Thomas allerdings noch mehr verunsicherte, war, dass unabhängig von seinen Taten die Menschen anscheinend alle unberechenbar waren. Aber wie kam er zu dieser Überzeugung?

Thomas‘ erste Grundüberzeugungen

Klein-Thomas saß in seinem Zimmer und spielte allein vor sich hin. Er war schon immer ein Ingenieur – ein LEGO-Ingenieur. Hier konnte er seiner Kreativität freien Lauf lassen. Er konstruierte Häuser, Spezialmaschinen, Ventilatoren, die keinen Wind machten, verlegte ganze Eisenbahnnetze und versank in einer Welt voller Ideen, in der alles möglich war. An diesem Tag nahm er sich vor, eine Maschine zu erfinden, die vollautomatisch Frühstücksbrote schmieren konnte.

„Gaaaanz einfach!“, dachte er.

„Als erstes braucht man einen Motor, eine Art Messer, Zahnräder sind immer gut, halt – das Fundament darf nicht fehlen. Fangen wir doch erst mal an und sehen dann, was fehlt. Also, der Motor muss irgendwie auf dem Fundament befestigt werden. Jetzt müssen die Zahnräder so angebracht werden, dass sie das Rad, das auf dem „Dach“ des Motors angebracht ist, zum drehen bringen. Dann müssen doch nur noch die Schmierwerkzeuge an dem Rad angebracht werden. Oh, und wie kommen die Brote unter die Klingen? Schwerer Konstruktionsfehler!“

Die Tür schoss auf, die Mutter stürzte hinein, Panik in seinen Augen und ...

Für den Jungingenieur brach mal wieder die Welt zusammen.

Oder er kam von der Schule nach Hause, in Gedanken versunken, denn Klein-Thomas war ein Tagträumer. Auf dem Nachhauseweg malte er sich immer seine Traumwelt aus – eine Welt mit Freunden, die ihn mochten, eine Welt ohne Streit, eine Welt, in der man machen konnte, was man wollte, eine Welt, in der man einfach glücklich war. Er vergaß dabei alles um sich herum. Wenn er dann zu Hause ankam, wusste er nie, wie er eigentlich dort hingekommen war. Gut gelaunt und mit reinem Gewissen ging er zu Tür hinein und ...

Solche Situationen bestärkten natürlich seine Überzeugung, dass die Menschen unberechenbar seien und dass er ja selbstverständlich nicht liebenswert sei.

Der Grundstein ist gelegt

Der Grundstein für einige Überzeugungen war nun gelegt. Eine Überzeugung, die in Klein-Thomas wuchs, war: „Du musst das Richtige tun, um geliebt zu werden, und du darfst auf keinen Fall etwas falsch machen, ansonsten gibt's eins drauf."

Mit einer solchen Überzeugung richtete er seine Wahrnehmung erst einmal auf alle Fehler, die er vermeiden musste.

Er wusste damals natürlich noch nichts von Realitätsgestaltung. Zu dieser Zeit ging man noch davon aus, dass die Welt so war, wie sie war. Es gab Gott, Zufälle, Schicksal etc. Die Welt erschien Klein-Thomas dann natürlich auch so. Das Schlimme daran war allerdings, dass er mit seiner Wahrnehmung genau die Realität erlebte, die er vermeiden wollte. Denn er wollte ja vermeiden, Fehler zu machen. Also richtete er seine Aufmerksamkeit auf alle Fehler, die man eventuell machen könnte. Sein Fokus war voll auf Fehler ausgerichtet. Nun, heute wissen wir, dass man die Realität erlebt, auf die man seine Aufmerksamkeit richtet. Da Klein-Thomas seine Aufmerksamkeit auf Fehler gerichtet hatte, erlebte er natürlich genau das.

Er machte ständig etwas falsch. An ihm war ständig etwas auszusetzen, denn an ihm war ja auch irgendwie alles falsch. Je mehr er seine Aufmerksamkeit darauf richtete, umso tiefer wurde er in diesen Sumpf hineingezogen.

So breitet sich eine Überzeugung aus

Eine weitere Überzeugung, die in Klein-Thomas wuchs, war: „Du musst dich schützen."

Denn wenn die Menschen so unberechenbar sind, muss man sich doch schützen. Auch hier ist heute klar, was man mit einer solchen Überzeugung erlebt: Klein-Thomas suchte natürlich ständig nach möglichen Angriffen. Wenn man sich schützen muss, muss man natürlich die Angriffe rechtzeitig bemerken. Sein Unterbewusstsein war nun programmiert wie eine Suchmaschine: Suche alle möglichen Gefahren und Angriffe. Welche Realität er damit erlebte? Angriffe! Angriffe aus dem Nichts. Die Kinder aus der Nachbarschaft hatten nichts Besseres zu tun, als Klein-Thomas zu verprügeln. Wenn er dann weinend nach Hause kam, schlug seine Überzeugung: „Du darfst nichts falsch machen“ und „Du darfst dich nicht verhalten wie ein Mädchen“ im wahrsten Sinne noch obendrein zu. Er bekam gerade noch mal eine drüber. Nun, und liebenswert war er ja wohl wirklich nicht.

„Aber wenn ihr mich schon nicht liebt, warum lasst ihr mich dann nicht wenigstens in Ruhe?!“, schrie er innerlich.

Wie Klein-Thomas mit seinen Überzeugungen umging

Jetzt war es so langsam an der Zeit, Möglichkeiten zu finden, um wenigstens etwas Zuneigung zu erhalten.

„Wie komme ich denn jetzt am einfachsten an Liebe?“, dachte Klein-Thomas unbewusst.

Wenn schon keine Liebe, ...

Anfangs war ja alles noch so einfach. Ein bisschen jammern, ein bisschen weinen, und schon hatte er jemanden gefunden, der ihn in den Arm nahm.

„Ist zwar nicht wirklich Liebe, aber Mitleid ist ja wohl besser als nichts“, war sein Gefühl.

Das funktionierte allerdings nur eine kurze Zeit. Er war durchschaut.

Jetzt musste etwas Handfesteres her.

„Krankheiten! Hey, funktioniert ja klasse. Am besten etwas, was man das ganze Jahr über auskosten kann. Allergie ist ‘ne gute Methode.“

Er fing mit ein bisschen Heuschnupfen an. Die Augen tränten, die Nase lief, er wurde bedauert und die Welt war in Ordnung. Aber je mehr sich alle daran gewöhnten, umso mehr musste er aufweisen. Diese Krankheitstrickkiste ist allerdings groß und hat für jeden etwas im Angebot.

So, Klein-Thomas hatte sein erstes Werkzeug, um sich „Zuneigung" zu erstehlen.

Ein weiteres Werkzeug war, etwas Besonderes zu machen. Er spielte beispielsweise den Clown.

„So bekommt man wenigstens Aufmerksamkeit. Man muss nur etwas können, was sonst niemand kann. Ganz einfach", dachte er sich.

Mit diesen beiden Methoden konnte er sich jetzt also schon mal wenigstens Mitleid und Aufmerksamkeit erhaschen. Das half aber noch nicht, um auch mit der Ablehnung fertig zu werden. Diese unverhofft auftretenden Ablehnungen sind ja wirklich bedrohlich.

Klein-Thomas stellte fest, dass ihn eine emotionale Bindung verletzlich machte.

Bloß keine Gefühle!

„Also, ganz einfach“, dachte Thomas. „Lass deine Emotionen möglichst weit unten, und dir kann nichts passieren. Als Erstes vergiss die Liebe. Das ist ja wohl das gefährlichste Gefühl. Den Rest kriegst du schon in den Griff. Einfach alle Gefühle möglichst flach lassen – oder besser, gar nicht erst zulassen.“

Klein-Thomas machte es wie der kleine Elefant in seiner „Lieblingsgeschichte“. Dieser kleine Elefant konnte singen. Aber die anderen Elefanten fanden dies vollkommen unnormal. Ein Elefant, der singen konnte – abstoßend! Niemand wollte etwas mit ihm zu tun haben. So stand der kleine Elefant allein da und war traurig. Er war eben einsam. So beschloss der kleine Elefant, dass er nie mehr singen würde. Jetzt war er zwar nicht mehr allein, aber doch immer noch irgendwie einsam. Denn er war ja nicht mehr er selbst.

Ein Leben in Ausgrenzung

Klein-Thomas gab zwar nicht das Singen auf, aber seine Gefühle. Er konnte sich nicht mehr richtig freuen, und er konnte nicht mehr weinen. Und er weinte wirklich die nächsten dreißig Jahre nie mehr.

Alles unter Kontrolle

Jetzt hatte Klein-Thomas alles unter Kontrolle. Er war zwar nicht liebenswert und konnte selbst auch nicht mehr lieben, aber wenigstens konnte er so überleben.

Okay, Klein-Thomas hielt sich also für nicht liebenswert. Doch wenn er sich selbst schon nicht für liebenswert hielt, wie sollten es denn die anderen? Unmöglich. Also erlebte er Ausgrenzung. Seine „Freunde" versuchten, sich immer erst einmal mit den anderen, „besseren" Kindern zu verabreden. Nur wenn sie hierbei erfolglos waren, griffen sie auf Klein-Thomas zurück.

„Immer noch besser als allein", dachte er resigniert.

Mit ihm wurden also die Lücken gestopft. Wenn sie sich dann aus der Not heraus mit ihm verabredet hatten, sich aber dann doch etwas Besseres ergab, saß Klein Thomas wieder allein da. Diese

Erfahrungen bestärkten natürlich immer wieder sein nicht vorhandenes Selbstwertgefühl.

Als Klein-Thomas in die Schule kam, ging das mit der Ablehnung erst so richtig los. In der Klasse wurde eine Bande gegründet. Die verprügelten dann immer jeden, der nicht zur Bande gehörte. Nach ein paar Wochen waren *alle*, wirklich *alle* in der Bande – außer Klein-Thomas. Da wurde er nicht nur ausgegrenzt und abgelehnt, er war auch noch der Einzige, der zum Verprügeln übrig blieb. Ob das wohl etwas mit seiner Überzeugung „Du musst dich schützen" zu tun hatte? „Nur gut, dass ich mich niemandem geöffnet habe", dachte er und fühlte, wie Recht er hatte. „Nur gut, dass ich niemanden 'geliebt' habe. Nur gut, dass ich körperliche Schmerzen nicht mehr spüre."

Er hatte seine Emotionen soweit heruntergefahren, dass ihn nicht einmal eine gebrochene Nase irritierte – abgesehen von dem Blut auf dem Hemd, denn das musste er ja daheim erklären.

Ausgrenzung für Fortgeschrittene

Schulsport war auch immer interessant. (Fußball! Wenn ich das höre, bekomme ich heute noch Pickel!)

Alle saßen auf der Bank. Diese komischen, braunen Bänke in dieser feuchtkalten, komisch riechenden Halle, in die ja freiwillig niemand hineinging. Die beiden besten Spieler wurden heraus gewunken. Im Gänsemarsch trippelten sie aufeinander zu. Der letzte, der den Fuß noch in die Lücke bekam, durfte anfangen, seine Mannschaft zusammenzustellen. Abwechselnd holten sich die beiden Supersportler jemanden von der Bank. Diese wurde immer leerer und leerer. Zum Schluss saß Klein-Thomas dann noch allein auf der Bank. Mittlerweile roch es noch komischer. Dann stellten sich diese beiden Supersportler doch tatsächlich vor die Klasse und knobelten, wer „den da" nehmen *musste*. Stein, Blatt oder Schere. Dreimal. Wer zweimal verlor, hatte „den da" am Bein. Der Verlierer ging dann zu Klein-Thomas und fragte, ob er nicht sitzen bleiben wolle. Da er aber unbedingt mitspielen wollte, bekam er den Platz zugewiesen, wo er am wenigsten Schaden anrichten konnte. Sofort kam das bekannte Gefühl in ihm hoch: „Zum Glück habe ich meine Emotionen voll im Griff!", dachte er. „Oder auch nicht", war ihm natürlich klar.

„Also scheint es doch richtig zu sein, was ich als Kind gelernt habe – Zuneigung erhältst du über Krankheiten, Ablehnung ignorierst du, indem du keine Gefühle zulässt. Und übrigens bist du ja wohl wirklich nicht liebenswert."

Der Gefahrensucher

All die Überzeugungen, die Klein-Thomas mittlerweile über das Leben hatte, lenkten seine Aufmerksamkeit immer wieder in dieselbe Richtung: Er wollte Unglück vermeiden. Er wollte Angriffe und Ablehnung vermeiden, denn davor hatte er Angst – richtig Angst. Seine Aufmerksamkeit war immer auf das Unglück ausgerichtet. Er fragte sich immer wieder: „Was kann mir heute alles geschehen?“ Er suchte nach jeder möglichen Gefahr, um gegen sie gewappnet zu sein. Denn wenn er die Gefahr rechtzeitig erkennen würde, könnte er sich ja davor schützen. Doch genau mit dieser Aufmerksamkeit gestaltete er natürlich seine Realität. Denn wir erleben ja genau das, worauf sich unsere Wahrnehmung richtet. So erlebte er eine Kindheit, die von Ausgrenzung und Angriffen geprägt war.

Morgens, bevor Klein-Thomas in die Schule ging, erledigte er erst einmal sein allmorgendliches Ritual: Er ging zur Toilette und übergab sich. Klar, denn schon direkt nach dem Wachwerden überlegte er sich, was ihm heute wieder alles geschehen könnte. Da fiel ihm doch so einiges ein. Dabei wurde ihm schlecht vor Angst, und zwar so schlecht, dass er sein Ritual jeden Morgen durchführen musste. So zog er dann los – verängstigt und verunsichert, immer auf der Lauer. Und genau mit dieser Wahrnehmung gestaltete er sich seine Realität, nämlich die Angriffe. Fatal – eine Überzeugung, die da heißt: „Ich muss mich schützen“, lenkt meine Aufmerksamkeit genau auf die Situationen, in denen ich mich schützen *muss*: Angriffe!

So wuchs Klein-Thomas heran. Seine Überzeugungen wurden durch die Erfahrungen die er sammelte, immer mehr bestätigt.

Liebe zulassen, wie soll das gehen?

Irgendwann war ich nicht mehr Klein-Thomas. Ich war ein Teennager geworden. Und meine Realität? Durch meine bestärkten Überzeugungen erlebte ich mein Bild von der Welt und den Menschen als die wirkliche Wahrheit. Ich konnte ja noch nicht wissen, dass jeder nur seine Realität erlebt, und zwar aufgrund seiner Wahrnehmung, und dass es eine „wirkliche" Wahrheit in dem Sinne nicht gibt. So erlebte ich genau dieselben Muster, die ich schon als kleiner Junge erlebt hatte. Nur erkannte ich dies natürlich nicht.

Das Mauerblümchen

Alle meine Freunde hatten bereits eine Freundin. Und ich? Ein nicht liebenswertes, nicht lieben könnendes Mauerblümchen, mit dem irgendetwas – Gott weiß was – nicht in Ordnung war? So traten all meine Freunde immer als Pärchen auf. Damit war ich schon von vornherein ausgegrenzt. Und ich bekam auch noch ständig vor die Nase gehalten, wie schön eine Beziehung war: Schmusen, kuscheln, quatschen, und weiß der Geier, was die noch so alles angestellt haben. Ich sehnte mich so sehr danach. Aber wirklich kränkend war, dass die Mädels immer zu mir kamen, wenn sie gerade Liebeskummer hatten. Um sie zu trösten, war ich ja gut genug. Wenn ich sie dann wieder aufgebaut hatte, gingen sie natürlich wieder zu den gut aussehenden Jungs, und ich stand wieder da. Ich war mal wieder der Lückenbüßer.

„Wie bekomme ich aber jetzt trotzdem eine Freundin?“, fragte ich mich. „Klar, wenn ich schon nichts Besonderes bin, muss ich wenigstens etwas Besonderes können.“

Diesen Trick hatte ich mir ja schon lange angeeignet.

„Ich muss die Mädels beeindrucken.“

Mit all dem, was ich lernte, beeindruckte ich gerade mal mich selbst.

Es ist wirklich schlimm, wenn du 18 bist und noch keine Freundin hast. Da wird dir auf einmal klar, dass du einsam bis ans Lebensende dahinvegetieren wirst. Als ich es aufgab und mir klar wurde, dass ich nie mehr eine abbekommen würde, trat eine Frau in mein Leben, die mich wollte.

„Mich?!“, fragte ich mich ungläubig.

Doch begehrt?

Wir blieben dann gleich 18 glückliche Jahre zusammen. Gut, ich ließ zwar meine Liebe noch immer nicht zu, aber glücklich waren wir. Ich wusste ja gar nicht, was Liebe ist. Ich wusste ja nicht einmal, was richtige Gefühle sind. Aber das, was wir gemeinsam erlebten, war in dem Rahmen, der uns zur Verfügung stand, echt schön. Du kannst nur in den Farben malen, die dir zu Verfügung stehen. Irgendwann merkte sie dann aber doch, dass da etwas fehlte. Und sie verließ mich. Meine Welt brach zusammen. Ich dachte mir voller Wut und Hass:

„Wir hatten doch alles, was man sich nur wünschen kann: Eine Tochter, ein Haus, ein Auto, einen Baum und genügend Kohle. Was denn noch? Es fehlt was? Was denn? Ich verstehe die Welt nicht mehr und dich schon gar nicht. Es fehlt was! Dir geht's einfach zu gut!“

Dass sich diese Frau einfach nur nach Liebe sehnte, konnte ich damals ja noch nicht erkennen.

Ist nun alles aus?

Jetzt stand ich da, immer noch nicht liebenswert, immer noch nicht fähig zu lieben und jetzt auch noch alt und hässlich.

Zu dieser Zeit lernte ich einen Menschen kennen, der noch ein sehr bedeutender Teil meines Lebens werden sollte: Bodo. Er half mir, ohne es zu wissen, mit dieser Überzeugung umzugehen. Zwar war mir klar, dass ich schon einiges aufzuweisen hatte. Somit wäre es ja schon möglich, noch einmal jemanden zu finden.

„Aber ich sehe halt echt hässlich aus“, kam in mir hoch. „So jemanden kann man ja gar nicht wollen.“

Ich wusste aber, dass Bodo in dieser Hinsicht keinen Mangel hatte. Ich erkannte damals ja nicht, dass es nur daran lag, dass ich mich für nicht liebenswert hielt, Bodo sich aber schon. Somit machte ich es einfach an meinem Aussehen fest. Irgendeine Begründung muss man ja haben. Doch wie konnte Bodo helfen, dieses Problem zu überwinden? Eines Abends saßen wir uns beide gegenüber und sprachen mal wieder über die Frauen und mein Aussehen. Auf einmal sah ich Bodo an und sagte:

„Bodo, dir laufen doch die hübschesten Mädels nach.“

„Ja!“, sagte er mit fragendem Blick.

„Aber du bist doch eindeutig noch hässlicher als ich“, sagte ich wie Wickie nach einem Gedankenblitz.

„Hääähh? Was ist los?“, fragte er und sah mich dabei an, als hätte er 35 Jahre lang geglaubt, er sei blind, und hätte jetzt festgestellt, dass er nur einen zu großen Hut aufhatte.

„Schon gut“, sagte ich voller Genugtuung.

So wurde mir klar, dass es da etwas anderes geben musste. Mir war zwar noch lange nicht klar, was, das war aber auch gerade mal egal.

Es kam, wie es kommen musste: Kurze Zeit darauf trat eine Frau in mein Leben, die mich liebte. Aber bei meinem Thema merkte ich das natürlich nicht. Ich nahm es nicht einmal wahr. Also verhielt ich mich ihr gegenüber genauso, wie ich es gelernt hatte: Keine Liebe wahrnehmen und erst recht nicht lieben! Diese Frau erlebte dann drei Jahre lang, wie es ist, mit einem nicht liebenswerten Mann zusammen zu sein. Und ich war einfach glücklich – na ja, zumindest aus damaliger Sicht. Ich wusste es ja nicht besser.

Jetzt wird alles anders!

Doch dann kam die entscheidende Wende meines Lebens.

All das hier Beschriebene wurde mir plötzlich klar.

Mir wurde klar, was ich bis jetzt versäumt hatte, und dass ich mich vielen, lieben Menschen gegenüber elendig verhalten hatte. Ich fand mich dafür zum Kotzen. In diesem Moment entschied ich mich einfach um. Ich versprach mir, ab jetzt Gefühle zuzulassen.

„Ich werde ab jetzt *lieben*! Und wenn ich dabei draufgehe!"

Das hörte sich ja einfach an.

„Aber geht das denn wirklich so einfach?", dachte ich. „Ich hatte ja einen Grund dafür, meine Gefühle zu unterdrücken."

Es war die nackte Angst. Es war die Angst, wenn ich mich wieder jemandem emotional öffnen würde, wenn ich Liebe zulassen würde, wenn ich Gefühle überschwänglich zulassen würde, wieder verletzt zu werden.

„Ich werde wieder verlassen", kam in mir hoch.

Daraufhin trat natürlich eine Frau in mein Leben, bei der ich die Liebe in mir spürte. Ich ließ es zu und bekam Angst, nein – Panik. Denn jetzt ließ ich ja genau das Gefühl zu, das ich auf keinen Fall haben durfte, wenn ich überleben wollte. Ich machte mir dann einfach klar, dass das ja alles nur ein Muster aus der Kindheit war und dass dies heute keine Gültigkeit mehr hatte.

„Es kann mir ja nicht wirklich etwas geschehen. Okay, dann los“, dachte ich entschlossen.

Ich liebte diese Frau wie noch niemals jemanden zuvor. Mir war natürlich noch nicht klar, dass ich mich selbst für nicht liebenswert hielt. Ich denke, ich muss nicht weiter ausführen, was ich da erlebte. Jemanden zu lieben, ohne dass es zurückkommt, ist auch nicht gerade der Hit. Hier lernte ich aber, was bedingungslose Liebe bedeutet. Ich liebte diese Frau, egal was sie anstellte. Das war ein befreiendes Gefühl. Das, wovor ich am meisten Angst hatte, trat nicht ein. Sie konnte mich nicht verletzen. Denn um verletzt zu werden, hätte ICH ja meine Liebe durch Hass oder Wut ersetzen müssen.

Zuckerbrot und Peitsche

Liebe durch Hass zu ersetzen hätte aber doch genau den alten Mustern entsprochen, mit denen ich mir bis dahin meine Probleme selbst gestaltet hatte. So wurde mir klar:

„Wenn sich jemand anders verhält als ich es für richtig halte, gebe ich ihm Ablehnung, ansonsten ‘Liebe‘. Moment Mal, das ist ja gar keine Liebe, das ist Dressur – Zuckerbrot und Peitsche.

Aber in dem Moment, in dem ich eine Ablehnung hochfahre, ist das ja mein Gefühl, und Ablehnung ist eben ein unschönes. Und genau das kommt mir dann so vor, als würden meine Gefühle von außen bestimmt, als würden meine Partnerin, meine Mutter oder wer auch immer meine Gefühle „machen". Das ist natürlich völliger Blödsinn, denn ich und nur ich mache meine Gefühle. Das heißt doch, dass ich mit diesem Schema 'Ablehnung und Zuneigung' einfach nur mit meinen Gefühlen jongliere – nicht nur in der Beziehung, sondern überall. Immer wenn ich jemandem meine Wertvorstellung rüberbringen will, bediene ich mich dieses Musters – habe ich ja so gelernt.

Aber warum möchte ich denn, dass sich andere meinen Wertmaßstäben entsprechend verhalten? Damit ich Glücksgefühle erleben kann. *Was*? Was mache ich denn da? Ich liebe eigentlich gerade jemanden und fahre dann plötzlich künstlich eine Ablehnung hoch, damit dieser Mensch sich dann so verhält, dass ich lieben kann? Was ist denn das für ein Schwachsinn?"

„Jetzt mache ich das einfach anders", entschied ich mich.

„Ich liebe sie einfach – fertig. Meine Wertmaßstäbe bringe ich trotzdem rüber, aber immer in Liebe. Somit kann bei mir ja kein Hass entstehen, und genau das ist doch das Gefühl, vor dem ich immer Angst hatte: Hass und Wut."

Ich war frei! Niemand hatte mehr die Kontrolle über meine Gefühle!

„Es sind meine Gefühle, und die lasse ich einfach zu – auch im 'richtigen' Leben. Wenn ich für jemanden eine gewisse Zuneigung verspüre, warum soll ich dieses schöne Gefühl dann wieder kaputtmachen?“

Die Angst wird bestätigt

Nun kam es trotzdem, wie es kommen musste: Die Trennung. Aber auch hier wurde ich mir der Macht der Liebe bewusst: Ich liebte diese Frau einfach weiter. Klar, es kam eine Trauer hinzu. Aber Trauer ist ja kein zerfressendes Gefühl. Es ist eine Form des Abschieds. Es überlagerte sich sogar eine Euphorie, denn ich erlebte ja gerade den Super-GAU, und im Verhältnis dazu ging es mir ja so richtig gut! Denn ich war nicht verletzt!

Aber hätte ich das nicht einfacher haben können? Musste ich denn die Angst, verlassen zu werden, wirklich durchleben? Denn obwohl mir ja klar war, dass mir nicht wirklich etwas Lebensbedrohliches geschehen konnte, hatte ich ja diese Angst. Und diese Angst wurde mir natürlich in meiner Realität widergespiegelt. Ich sah mich mal ein wenig um und stellte fest, dass es sehr vielen Menschen genauso erging. Sie ließen die bedingungslose Liebe einfach nicht zu. Wenn ich dann hinterfragte, warum sie dies nicht zuließen, kam immer die Angst vor dem Verlassenwerden zum Vorschein. Ich beobachtete dann Paare, um herauszufinden, ob es Ähnlichkeiten gab, die der Angst zu Grunde lagen. Viele machten „Spielchen“: Sie verletzten sich ständig gegenseitig. Von außen betrachtet ergaben diese Spielchen absolut keinen Sinn. Einer der beiden blieb allerdings immer auf der Strecke.

Ich will einen richtigen Mann!

Einer dieser so genannten Zufälle spülten Ina und Gert in mein Leben. Ich bemerkte, wie Ina mit ihrem Gert umging. Nach einiger Zeit nahm ich sie zur Seite und fragte sie, warum sie ihren Partner so ärgerte („tyrannisierte“ traute ich mich nicht zu sagen).

„Ich will, dass er mir meine Grenzen zeigt!“, musste ich voller Erstaunen hören.

„Was, du testest, wo deine Grenzen sind?“, fragte ich entsetzt.

„Ja, anscheinend ja“, wunderte sie sich selbst.

„Aber warum?“, wollte ich wissen.

„Weil ich einen richtigen Mann will.“

Sie traute ihren Ohren nicht, was sie da gerade losgelassen hatte. Bei Ina und Gert wurden ständig Machtkämpfe ausgetragen, bei denen Gert nicht gerade gut abschnitt. Anscheinend wünschte sie sich, dass er endlich mal die Oberhand gewinnen würde, dass er mal auf den Tisch haute.

„Aber warum will sie denn so etwas?“, fragte ich mich und antwortete mir selbst:

„Sie will sich geborgen fühlen!“

Ich fragte sie: „Willst du einen Mann, der dich vor allen Gefahren beschützt?“

„Genau!“, kam es wie aus der Pistole geschossen.

Das ist ja so ein uralter Instinkt. Damit ich mich einer schönen Sache bzw. einem guten Gefühl voll und ganz hingeben kann, muss ich sicher sein, dass mir nichts geschehen kann. Wenn ich einen starken Partner habe, kann mir ja nichts passieren. Um mich also der Liebe ganz hingeben zu können, brauche ich diese Sicherheit.

„Das ist ja noch genauso wie vor Tausenden von Jahren im Busch. Du konntest dich einer angenehmen Sache nur hingeben, wenn der andere sicherstellte, dass du nicht vom Löwen gefressen wurdest“, sagte ich ein wenig überzogen dargestellt.

„Aber Ina, wie war das denn in deiner vorherigen Beziehung? Da war er doch der Starke. Ging es dir denn damit besser?“, musste ich einfach fragen, denn da war sie ja auch nie wirklich glücklich gewesen.

„Eigentlich nicht“, stellte sie fest.

„Fühltest du dich denn da nicht immer verletzt?“, wollte ich wissen.

„Natürlich“, antwortete sie ein bisschen ärgerlich, weil ich so in ihrer Wunde bohrte.

„Aber da hattest du doch diesen starken Mann. Fühltest du dich denn da nicht beschützt?“, wollte ich wissen.

„Doch, und genau das hat mich bei ihm ja so angemacht! Deshalb bin ich ja so lange bei ihm geblieben“, erwiderte sie.

„Aber warum konntest du denn bei ihm deine Gefühle nicht zulassen?“, war mir nicht klar.

„Na, weil er mich doch ständig verletzte!“

Entsetzen in ihrem Gesicht!

Jetzt holte ich ein wenig weiter aus: „Klar, ein anderer Instinkt war hier aktiviert: der Rudelinstinkt. Es ist ja schon fast peinlich, wie instinktgesteuert wir sind, aber es ist nun mal so. Als wir vor langer Zeit durch die Wälder zogen, war es zum Überleben wichtig, dass wir einem Rudel angehörten. Wenn wir ausgestoßen wurden, konnten wir nicht überleben. Deshalb löst eine Ausgrenzung oder gar ein Verlassenwerden eine Angst aus. Am schlimmsten fühlen wir uns dem Rudelführer ausgeliefert. Deshalb wollen wir es da natürlich besonders gut machen. Das gilt im Büro genauso wie in der Partnerschaft. Tja, liebe Ina, damit hattest du wohl deinen Partner zum Rudelführer gemacht, und damit warst du ihm ausgeliefert."

„Moment, ich kämpfe mit meinem Partner, um festzustellen, ob er stark genug für mich ist? Wenn ich stärker bin, kann ich meine Gefühle nicht zulassen, weil ich mich nicht geborgen – nicht sicher fühle. Wenn er stärker ist, kann ich meine Gefühle nicht zulassen, weil ich ihm dann nicht mehr vertrauen kann, weil ich mich ihm ausgeliefert fühle. Ich habe dann Angst, er könnte mich verletzen. Da bin ich doch immer auf der Verliererseite. Nein, beide sind auf der Verliererseite!", stellte sie resigniert fest. „Und jetzt?"

„Werde dir doch erst einmal darüber klar, was du in Wirklichkeit willst", fing ich an.

„Ich will keinen Kampf mehr!", sagte sie.

„Ich wollte wissen, was du möchtest!", sagte ich eindringlich.

„Liebe – ich will endlich lieben und ich will geliebt werden!", wurde ihr klar.

Jetzt kam ich in Fahrt und legte los:

„Und du kannst Gert nicht lieben, weil er nicht stark genug für dich ist? Weil er dich nicht vor Löwen oder Hooligans beschützen kann? Ina, werde dir mal klar darüber, warum du dieses Gefühl hast und ob es heute noch wichtig ist. Nur weil es vor langer Zeit einmal wichtig war, muss dies ja nicht mehr für uns gelten. Und eigentlich ist dein Gert doch wirklich ein starker Typ. Nur mit dir kämpfen will er nicht. Vielleicht will er dich ja nur nicht verletzen. Vielleicht weiß er sogar um seine Stärke und hat Angst, wenn er sich auf einen Kampf mit dir einlässt, würdest du heftig Federn lassen".

Ina saß mit Tränen in den Augen da.

„Was spiele ich denn hier für ein Scheißspiel?", sagte sie, wütend auf sich selbst.

„Sei nicht wütend auf die Vergangenheit! Sieh doch mal, was dir deine Zukunft jetzt an Möglichkeiten bietet", besänftigte ich sie.

„Aber wie wäre ich denn im umgekehrten Fall damit umgegangen – mit diesem Rudelquatsch?", wollte sie noch wissen.

Sie hatte wohl immer noch nicht genug.

„Der Rudelinstinkt ist dann befriedigt", erklärte ich weiter, „wenn man sich verbunden fühlt – verbunden mit irgendjemandem oder gar mit irgendetwas. Du kannst dich verbunden fühlen mit deinem Partner, deinem Engel, deiner Tochter, deiner Freundin, deinem Hund oder Pferd oder was auch immer. Wenn du diese

Verbundenheit spürst, hast du einfach keine Todesangst mehr, wenn du verlassen wirst. Es nimmt gewaltig den Druck. Das heißt dann, dass, wenn du liebst und dann verlassen wirst, nicht das Gefühl hochkommt, sterben zu müssen. Du kannst es also getrost zulassen“, führte ich aus.

„Aber noch schöner ist es, wenn man sich dieser Spiele bewusst geworden ist und mal darüber spricht, was man sich so alles angetan hat und warum. Wenn dabei ans Tageslicht kommt, dass niemand den anderen verletzen wollte und man künftig ganz gewiss anders miteinander umgehen wird, baut sich ein Vertrauen auf. Dieses beiderseitige Vertrauen ist die schönste Basis für die Liebe.“

Mittlerweile war Ina unruhig geworden, denn sie wollte nun so schnell wie möglich zu ihrem Gert.

Tja, durch dieses Gespräch wurde mir mal wieder selbst einiges klar. Mir war jetzt klar, wie einfach es ist, Gefühle zuzulassen.

Nichtsdestotrotz saß ich jetzt wieder da und dachte:

„Ich kann zwar lieben, aber wer soll denn schon mich lieben?“

Niemand liebt mich

Bodo, Hilfe! „Was ist denn eigentlich Liebe?“, fragte ich. Denn mir war ja schon irgendwie klar, dass er sich mit diesem Thema auskennen musste.

„Liebe ist kein Gefühl, sondern eine Daseinsform. Hä?“, fragte Bodo, „Verstehe ich gerade selbst nicht.“ Na ja, zum Glück hatte Bodo ja mich:

„Logisch, ein Gefühl, wie zum Beispiel Lust oder Euphorie, habe ich kurzzeitig“, fing ich an zu erklären. „Dann ist es weg und wird durch ein anderes ersetzt. Bedingungslose Liebe ist konstant da. Ich liebe jemanden immer gleich, egal was er tut und wie er sich verhält.“

Das war für uns beide logisch.

Bodo fuhr fort: „Liebe ist ein Erinnern. Ich erinnere mich daran, dass ich eins bin. Wir wissen zwar, dass wir mit allem eins sind, aber wir können es nicht fühlen. Es gibt Menschen, da fällt uns diese Erinnerung leichter, und bei anderen ist es ein bisschen schwerer. Wenn wir zum Beispiel auf einen Seelenpartner treffen, ist diese Liebe gleich da. Bei anderen Menschen ist es eher ein Erinnerungsprozess. Beides ist gleich ‘gut‘. Ich muss jetzt also nicht auf die Suche gehen, um meinen Seelenpartner zu finden, wenn dies zugegebenermaßen auch schön wäre. Ich muss einfach nur mein Gefühl zulassen.“

Das erschien mir plötzlich ganz einfach.

„Dann ist ja jeder liebenswert – sogar ich! Denn es kommt bei der wahren Liebe ja gar nicht auf das Aussehen oder irgendwelche Verhaltensmuster an." Mir war jetzt klar, dass ich lieben konnte und dass ich liebenswert war. Folglich war ich jetzt auch in der Lage, genau das zu erleben.

Die Liebesgeschichte beginnt

Einen Tag später traf ich auf mysteriöse Art und Weise auf Sabine. Mit ihr erlebte ich sofort, was ich mir seit ewiger Zeit insgeheim wünschte – eine gegenseitige Liebe. Wahnsinn! Ich fühlte diese ständige Verbindung. Sie war immer bei mir. Zugegeben, es fiel mir anfangs leichter, mich von „normalen" Menschen als liebenswert angesehen zu fühlen. Dass allerdings meine Traumfrau mich liebte, war mir dann doch nicht von Anfang an klar. Jede andere ja, aber Sabine? Nun, mit dieser Überzeugung band ich uns erst mal ein paar kleine „Start-schwierigkeiten" ans Bein. Und all das begann mit einer E-Mail mit der Überschrift „Herzklopfen":

„Hallo Thomas,

wusste jetzt nicht so recht, an welche Mail-Adresse ich schreiben soll. Aber vielleicht ist's ja egal. Ich möchte dich wahnsinnig gerne mal kennen lernen.
Ich bin nämlich mittlerweile so richtig neugierig was für ein Mensch du bist. Zuerst dachte ich, ich könnte mal zu dir in eine Beratung kommen, aber alle Probleme haben sich einfach so in Luft aufgelöst. Also dachte ich, ich kreiere mir geschwind ein Problem und komme dann zu dir in die Beratung. Nun, das einzige Problemchen, das geblieben ist: Wie kann ich dich mal kennen lernen?

Ich habe mich öfter mit meiner Freundin (Angelika) über dich unterhalten, sie war ja schon ein paar Mal bei dir in der Beratung und jetzt auf dem Camp. Ich hatte das Glück, von ihr zu profitieren. Also kam ich nie in den Genuss, dich mal persönlich kennen zu lernen. Vielleicht hast du ja Lust, mal mit mir was zu unternehmen.
Ich würde mich riesig freuen.

Alles Liebe, Sabine"

Diese Mail erhielt ich zwei Stunden nach dem Gespräch mit Bodo, bei dem mir ja klar geworden war, dass auch ich geliebt werden konnte. Das war ein Zeichen! Ich schrieb also zurück:

„Hallo Sabine,

jetzt sitze ich hier wie ein 16-jähriger Teenager. Ich weiß nicht wieso, aber du hast bei mir irgendeinen Punkt getroffen. Sorry, ich verstehe mich gerade selbst nicht, aber ich vertraue jetzt einfach mal meinem Gefühl (bin darin nicht so geübt, wenn es um mich geht). Ja, ich möchte mich auch mit dir treffen (die Überschrift 'Herzklopfen' trifft es gerade). Hast du am Sonntag Zeit? Und hast du schon eine Idee, was wir wo unternehmen könnten?

Sabine, tut mir leid, wenn das ein bisschen holprig geschrieben ist, aber ich bekomme es gerade nicht besser hin. Und das sollst du ruhig wissen!

Ich freue mich.
Thomas"

Dieser Briefwechsel fand freitags statt.

Samstags abends telefonierten wir mal kurz, um uns für Sonntag zu verabreden: Vier Stunden!

Ich war hin und weg. Ich wusste schon jetzt, ich hatte die Frau meines Lebens gefunden. Aber wie würde sie aussehen? Ich wusste gerade mal, dass sie blond war und einen Mittelscheitel trug.

Es wurde Sonntag, der Nachmittag kam immer näher, und ich fuhr zu unserem vereinbarten Treffpunkt – aufgeregt wie noch nie im Leben zuvor. Es hielt ein Auto an. Mein Herz klopfte bis zum Hals. Eine blonde Frau mit Mittelscheitel stieg aus, und ich dachte:

„Oh Gott, was habe ich nur verbrochen?"

Sie war, um es vorsichtig auszudrücken, nicht gerade mein Typ. Sie kam auf mich zu.

„Was soll ich jetzt machen?“, dachte ich entsetzt. „So kann ich mich doch nicht getäuscht haben!“ Doch sie ging an mir vorbei, kaufte sich ein Eis und fuhr wieder davon.

Ich sah richtiggehend den lieben Gott, wie er sich vor Lachen auf die Beine klatschte. Er hatte mich verarscht!

Puh, einmal tief durchatmen.

Dann hielt wieder ein Auto an. Wieder eine Blonde mit Mittelscheitel. Sie musste es sein. Sie kam auf mich zu. Mein Herz klopfte bis sonst wohin. Wir umarmten uns und vermieden dabei so weit wie möglich, uns zu berühren (das geht wirklich). Danach hatten wir einen angenehmen Nachmittag. Wir hatten uns ja auf eine Tasse Kaffee verabredet. Dieser Nachmittag dauerte bis 23 Uhr.

Und ich wusste nun – sie isses!

Nun fuhr ich heim. Aber mein Bodo, der mittlerweile im selben Haus wohnte wie ich, war an diesem Abend nicht zu Hause. Ich musste es ihm aber doch erzählen. Am liebsten hätte ich vor seiner Tür übernachtet. Ich blieb also wach und wach und ... doch eingeschlafen.

Am nächsten Morgen stürzte ich auf ihn los.

„Es hat Peng gemacht! Sie isses!“, rief ich und sprang dabei an ihm hoch.

Der Arme stand noch in der Unterhose vor mir, hatte aber keine Chance zu entkommen.

„Was ist los?“, wollte er wissen.

Wir hatten uns ja immerhin schon ganze drei Tage nicht mehr gesehen, und so konnte er ja schließlich nicht wissen, was sich in dieser Zeit alles ereignet hatte.

Ich schwallte auf ihn ein, bis ihm das Blut aus den Ohren lief. Manchmal bin ich eben ein ganz kleines bisschen mitteilungsbedürftig. Mein armer Bodo kam mal wieder in den Genuss, mich so ertragen zu müssen. Das müssen echte Freunde einfach durchstehen.

Montags telefonierten „meine“ Sabine und ich natürlich fünf Stunden lang.

Ich wusste nun ganz sicher, dass wir füreinander bestimmt waren. Und es kam, wie es kommen musste.

Liebt sie mich?

In meinem Job als „Lebensberater“, in dem ich mich mittlerweile etabliert hatte, beantwortete ich auf Bodos Internet-Homepage Fragen zum Thema Glücksgefühle. Natürlich wurde gerade jetzt eine Frage zum Thema Liebe gestellt. Ich antwortete und schrieb, dass ich gerade Sabine kennen gelernt hätte, dass ich sie liebe wie noch nie einen Menschen zuvor, dass eine totale Verbundenheit da sei und dass sie die Frau meines Lebens sei.

„Boah, das muss sie doch freuen! Ein Mann, der seine Liebeserklärung gleich der ganzen Welt mitteilt", dachte ich mir.

„Oh je", dachte Sabine, als sie das las.

„Die Frau meines Lebens? Wie um alles in der Welt kann er denn das schon jetzt wissen? Wir haben uns doch gerade erst einmal gesehen!", blieb ihr fast die Luft weg.

Das ging ihr viel zu schnell. In ihrem Ärger fand sie natürlich gleich ein paar Argumente, die dagegen sprachen:

„Ich will einen Blonden, Kräftigen mit Dreitagebart und nicht so einen langen, dünnen Braunhaarigen. Und jetzt schreibt der auch noch so etwas ins Internet?" Sabine ging mit ihrem Kummer zu ihrer Freundin Angelika.

„Du hast dir immer einen Mann gewünscht, der absolut Ja zu dir sagt!", lachte Angelika laut. „Da hast du ihn, und jetzt beschwer dich nicht."

Das war nicht gerade das, was Sabine hören wollte, aber es war die Wahrheit. Nichts ersehnte sie für eine Partnerschaft mehr als ein bedingungsloses Ja zu ihr.

„Aber ich hatte doch noch gar keine Zeit, herauszufinden, ob er der Richtige für mich ist!“, machte sie sich erst einmal Luft.

„All die schönen Gefühle, die ich bei unserem Treffen empfand, sind nun wie eine Seifenblase zerplatzt“, erklärte sie resigniert. „Ich hatte mir doch vorgestellt, dass meine Gefühle wachsen dürfen, dass man sich langsam annähert und dann irgendwann bemerkt, dass man den richtigen Partner gefunden hat. Natürlich will ich einen Mann, der Ja zu mir sagt, aber doch *bitte* nicht gleich nach dem ersten Treffen!!!“, sagte Sabine, mittlerweile sauer, da ja all die schönen Gefühle nun einfach wie weggeblasen waren. Was blieb, war Wut.

„Aber was soll ich ihm denn jetzt sagen?“, fragte sie sich.

„Es geht mir zu schnell!? Blödsinn, das klingt ja, als wolle ich ihn nicht wiedersehen. Aber das stimmt ja ganz und gar nicht. So tun, als sei alles in Ordnung? Geht auch nicht!“ dachte sie verzweifelt.

„Ich entscheide einfach spontan, wenn er anruft“, war ihre Lösung.

An diesem Abend rief ich sie voller Erwartung wieder an.

„Ich liebe dich auch und will dich heiraten und bis an mein Lebensende mit dir glücklich sein“, hoffte ich von ihr zu hören.

Okay, ein klitzekleiner Zweifel war noch da.

„Hallo ich bin’s, Thomas“, druckste ich.

„Hallo“, war die Antwort.

„Wie geht’s?“, wollte ich wissen und endlich die ersehnte Antwort hören.

„Ganz gut“, sagte sie spärlich.

„Hä? Keine Euphorie?“, schoss mir in den Magen.

„Äh, hast du meinen neuen Forumsbeitrag gelesen?“, fragte ich unsicher.

„Ja“, war ihre aussagekräftige Antwort.

„Und?“

„Los, sag was!“, schrie ich innerlich.

„Hm“, war die Antwort.

„Sie liebt mich nicht! Ich sterbe! Ich habe die Frau meines Lebens gefunden, und die merkt es nicht?“, dachte ich entsetzt.

„Ich werde nicht aufgeben“, war mir schnell klar. „Ich muss ihr nur irgendwie klar machen, dass ich der Richtige für sie bin. Das mit dem Forumsbeitrag war anscheinend zu wenig. Da packen wir halt noch einen drauf!“, war für mich die logische Konsequenz.

Und ich fing an, mich so zu verhalten, wie ich dachte, dass es ihr gefallen müsste.

Wie kann ich ihr gefallen?

„Ganz einfach. Erst mal herausfinden, auf was sie steht."

„Männlich muss er sein!", bekam ich schnell heraus.

Aber was ist männlich? Ich fragte jede Frau in meinem Bekanntenkreis, und mir war klar, wie ich mich nun verhalten musste.

Ich fing an, mich zu verhalten wie James Bond, Brad Pitt und Arnold Schwarzenegger in einer Person. Man sollte es nicht meinen, aber angeblich verhielt ich mich „etwas" merkwürdig. Und Sabine?

Mittlerweile war sie völlig verwirrt und konnte kaum verstehen, warum der Typ nicht aufhörte, ihr ständig Druck zu machen.

„Warum will er mir einreden, dass er der Richtige für mich ist?", dachte sie.

„Ich möchte das doch selbst entscheiden! Außerdem muss es doch auch für ihn viel schöner sein, wenn ich freiwillig und aus ganzem Herzen *Ja* zu ihm sagen kann!", wunderte sie sich weiter.

„Aber das geht doch nur, wenn ich die Möglichkeit habe, meine Gefühle frei entfalten zu können", wurde ihr klar.

„Okay, ich muss mir einfach nur Luft verschaffen. Dann werde ich schon herausfinden, was genau ich für ihn empfinde. Und irgendwie, ein bisschen süß ist er ja schon ...“, entschied sie nun.

Sei doch wie du bist!

Nun wollte ich es aber genau wissen.

„Okay, wenn das nicht geholfen hat und alles andere zu wenig war, dann mache ich halt ein wenig Druck!“, war meine neue Lösung.

Muss ich es sagen? Es war nicht wirklich der Hit.

Nun wurde es Sabine allerdings zu viel. Deshalb erklärte sie mir, dass ich ja gar nicht unsicher sein müsse und dass ich so sein dürfe, wie ich war.

„Du kannst nichts falsch machen. Ich mag dich genau so wie du bist. Und daran ändert sich auch nichts“, sagte sie zu mir.

Sie machte mir deutlich, dass ich überall da, wo ich mich so verhalte, wie ich in Wirklichkeit bin, Erfolg habe.

„Wie fühlst du dich, wenn du ein Seminar durchführst?“, wollte sie wissen.

„Sicher“, antwortete ich.

„Und wen versuchst du dort zu imitieren?“, fragte sie nun.

„Niemanden“, war mir klar. Da verhielt ich mich einfach so, wie ich war.

„Und wie finden das die Leute?“, kam jetzt.

„Tja, denen, die zu mir passen, gefällt es“, sagte ich.

„Und die anderen?“

„Die kommen erst gar nicht. Stimmt, es kommen immer nur die, die zu mir passen“, wurde mir deutlich.

„Und wenn du dich nun besonders anstrengen würdest, um jedem zu gefallen, was wäre dann?“, bohrte Sabine weiter.

„Dann wären alle enttäuscht. Denn sie wollen ja den Thomas sehen und nicht eine Maske!“

„Und warum strengst du dich bei mir so an? Du kannst nichts falsch machen, wenn du so bist wie du bist!“, sagte sie eindringlich.

Just in diesem Moment nahm ich den Aschenbecher, der sich auf dem Tisch befand, um ihn auszuleeren. Doch leerte ich ihn nicht, wie geplant, in die Mülltonne, sondern er rutschte mir aus der Hand. Natürlich genau auf ihr weißes Kleid.

„Praktisch, so ein selbstentleerender Aschenbecher, nicht?“, war mein Kommentar.

Sie sah mich an und traute ihren Ohren nicht.

„Was ist denn mit dem los? Er springt nicht sofort auf, um mein Kleid wieder sauber zu machen?“, schaute Sabine mich fragend an. „Er sitzt da gemütlich und blinzelt die Sonne an?“

In diesem Moment wurde ihr klar, dass ich mein Thema wohl aufgelöst haben musste, ihr alles recht machen zu müssen und einen guten Eindruck zu hinterlassen. Sabine schaute ihr Kleid an, das nun völlig verdreckt von der Asche war, sah mich an, und wir bekamen gemeinsam einen halbstündigen Lachkrampf. So hatte sie sich das dann wohl doch nicht vorgestellt. Oh doch – genau so!

Welche Rolle spiele ich?

Jetzt war mal wieder alles ganz einfach.

„Ich muss also nur so sein wie ich bin“, war mir jetzt klar. „Aber wie bin ich denn eigentlich? Wer bin ich denn eigentlich? Ich muss nur ich selbst sein? Wie geht das?“

So einfach schien es dann wohl doch nicht zu sein.

„*Bodo*!!! Hilfe!!!“

Bodo konnte doch immer so gut erklären.

Ich muss ich selbst sein

„Bodo, ich habe jetzt die Lösung für meinen ganzen Kummer gefunden. Ich muss nur ich selbst sein. Aber wie geht das denn?“, fragte ich meinen treuen Freund.

„Du bist doch immer du selbst. Wie kannst du denn nicht du selbst sein?“, war seine prompte Antwort.

„Aber manchmal spiele ich doch Spiele“, bohrte ich weiter.

„Du spielst immer Rollen. Du spielst als Seminarleiter eine Rolle und als mein Freund eine andere. Wenn du heute im Kongo wärst, würdest du wieder eine andere Rolle spielen. Also, streng dich nicht an, keine Rolle zu spielen", fuhr er fort.

„Ja aber was soll das dann alles mit: Du sollst du selbst sein?", fragte ich verwirrt.

„Wenn du sowieso Rollen spielst, kannst du dir doch einfach die Schönste heraussuchen. Und das ist die, die dich nicht anstrengt – die, bei der du einfach glücklich sein kannst", beendete Bodo unser Gespräch.

Nun wurde mir mal wieder einiges klar.

„Immer wenn ich mich besonders anstrenge, um anderen zu gefallen oder um von anderen irgendetwas, wie zum Beispiel Mitleid, zu erhalten, ist dies eine bescheuerte Rolle – eine Rolle, die mir selbst nicht gefällt, eine Rolle, die mich ermüdet, eine Rolle, die mich frustriert, eine Rolle, die mir sogar schaden kann", dachte ich. „Wenn ich aber weiß, dass ich sowieso glücklich sein kann und dass ich auf dem Weg zum Glück bin, brauche ich mich ja gar nicht besonders anzustrengen", schoss es mir durch den Sinn.

„Und was ist mit den Masken?", stellte sich mir die Frage. „Ich darf doch keine Masken haben, hört man doch immer".

„Das ist ja genau derselbe Blödsinn", wurde mir klar.

Was ist mit meinen Masken?

Prompt kam einen Tag später Beate in meine Beratung und sagte:

„Ich kann mich nie so zeigen wie ich bin."

„Wie meinst du denn das?", wollte ich wissen.

„Wenn ich jemanden kennen lerne, verhalte ich mich immer ganz anders als ich in Wirklichkeit bin. Ich setze immer eine Maske auf", sagte Beate.

„Setzt du immer dieselbe Maske auf?", fragte ich neugierig – denn dieses Thema interessierte mich natürlich brennend.

„Nein", wurde ihr klar. „Im Büro mache ich auf unnahbar, und wenn ich einen Mann kennen lerne, bin ich die Liebe, Zurückhaltende. Nur wenn ich mit meiner Freundin zusammen bin, bin ich einfach locker drauf."

„Und im Moment? Welche Maske hast du im Moment auf?", stieg in mir die Spannung.

„Keine", sagte sie verdutzt.

„Wieso das denn?", wunderte ich mich. „Ich bin dir wohl nicht wichtig?"

„Genau“, sagte sie verschämt. „Oh, Entschuldigung, so meine ich das nicht!“

„Doch, genau so meinst du das!“, erwiderte ich.

„Was wäre denn, wenn du scharf auf mich wärst und ich dich jetzt zu einem Kaffee einladen würde?“ Jetzt wollte ich es genau wissen.

„Da merke ich sofort, wie ich wieder zumache“, stellte Beate fest.

„Also, immer wenn es dir unwichtig ist, bist du so wie du in Wirklichkeit bist. Und immer, wenn es dir wichtig erscheint, spielst du eine Rolle, die dir nicht gerecht wird“, sagte ich eindringlich.

„Mhmh“, hörte ich von ihr.

„Warum machst du das denn?“, fragte ich.

„Damit ich die Erwartungen erfülle“, erklärte Beate.

„Und woher weißt du, welche Erwartungen dein Gegenüber hat? Woher hättest du gewusst, welche Erwartungen ich an dich habe, wenn ich dir wichtig wäre?“, setzte ich sie unter Druck.

„Ich denke mir halt, Männer wollen eine liebe Frau“, sagte sie nachdenklich.

„Aha, alle Männer wollen eine liebe Frau. Na klasse, dann bin ich also kein richtiger Mann“, provozierte ich sie. „Du denkst also allen Ernstes, dass alle Männer nur einen Typ Frau gut finden?“

Sie blickte auf den Boden.

„Ist wohl Blödsinn, oder?“, sagte sie kleinlaut.

„Das heißt doch, wenn du eine Rolle spielst, der du nicht gewachsen bist oder die dich zumindest anstrengt, und du aufgrund dessen einen Partner bekommst, musst du dich ja für den Rest deines Lebens genauso anstrengen. Denn wenn du diese Rolle aufgibst, wirst du ihn ja verlieren“, war uns beiden klar.

„Wenn du jemanden kennen lernst und dich so verhältst, wie du denkst, es würde ihm gefallen, hast du zwei Möglichkeiten.

Erstens: Ihm gefällt die Beate, die er sieht, nicht. Dann ist er weg.

Zweitens: Ihm gefällt die Beate, die er sieht. Dann gefällt ihm aber nicht die Beate, die du eigentlich bist.

Damit hast du in beiden Fällen verloren.

Wenn du dich aber ganz deinem Naturell entsprechend verhältst, hast du wieder zwei Möglichkeiten:

Entweder er mag dich oder nicht. Und nur wenn er dich mag, mag er die richtige Beate!“, sagte ich eindringlich.

„Und woher weiß ich, wann ich die richtige Beate bin?“, wollte sie nun wissen.

„Immer wenn du dich anstrengst, frage dich, warum du das tust. Wenn du dann merkst, dass du das tust, um jemanden zu gefallen, um Aufmerksamkeit zu erhalten oder was auch immer, spielst du eine Rolle, die dir nicht passt.

Angenommen, du wärst ein Rennpferd. Du galoppierst gerade über Wiesen und Felder. Auf einmal steht er vor dir: Der Hengst deines Lebens. Groß, braun und kräftig. Ein wunderschöner Ackergaul. Vor Kraft strotzend. Und du? Ein schmächtiges, schwarzes Rennpferd. Was kann der schon von dir wollen? Da musst du schon etwas Besonderes sein. Um ihm zu beweisen, wie toll du bist, versuchst du, den Acker zu pflügen. Kannst du dir vorstellen, welches Bild du dabei abgibst?

Dabei hätte sich der Ackergaul ohne weiteres in das schnelle, schlanke Rennpferd verliebt. Aber er hatte keine Chance, da er ja kein Rennpferd zu Gesicht bekam – nur ein albernes Ich-weiß-nicht-was“, führte ich aus.

„Ich glaube, ich hab's verstanden“, sagte Beate.

So wurde mir mal wieder selbst klar, wie diese Spiele funktionierten, und ich konnte für mich überlegen, welches Spiel ich nun weiter spielen wollte.

Die Liebesgeschichte geht weiter

Zweieinhalb Wochen nach unserem ersten Kontakt kam nun der Tag der Tage. Wir spazierten durch den Wald. Es war ein schöner Sommerabend. Vorsichtig legte ich meinen Arm um sie. Sie erstarrte zu einer Salzsäule und ließ ihre Hände in den Hosentaschen.

„Ich kann nichts falsch machen, hast du mir gesagt. Das will ich sehen!“, dachte ich mir und ließ meinen Arm liegen.

So gingen wir weiter. Meine Knie zitterten, aber ich war eisern. Nach einiger Zeit war es so weit. Sie legte auch ihren Arm um mich. So schlenderten wir gemütlich durch den Wald.

Danach hatten wir noch einen gemütlichen, „fast unverkrampften“ Abend. Der Abschied rückte näher. Ich ging auf sie zu und streckte meine Arme zur Umarmung aus. Sie natürlich auch. Ich neigte meinen Kopf nach links, kam ihr immer näher und im letzten Moment zog jemand – ich kann mir auch nicht erklären, wer – meinen Kopf in die Mitte. Unsere Lippen trafen sich, und es war um uns geschehen.

Sag mir endlich, dass du mich liebst!

Endlich hatte ich alles, was ich mir je ersehnt hatte – dachte ich bis dahin. Jetzt waren wir zwar zusammen, aber liebte sie mich denn wirklich?

„Das muss sie erst einmal beweisen“, war mein Gefühl.

Wo ist der Beweis?

Ich wusste zwar, dass dies ein vollkommener Quatsch war, ich wusste auch, dass eine solche Wahrnehmung eine unschöne Realität gestaltete, aber erklär das mal deinem Bauch. Dieser sagte:

„Sie ist zwar mit dir zusammen, aber liebt sie dich wirklich? Sieh dich doch mal an!“

„Hat er ja nicht so ganz unrecht“, sagte auf einmal sogar mein Kopf. „Wurdest du denn schon je geliebt? Warum dann ausgerechnet von Sabine?“

Aber wie sollte sie mir klar machen, dass sie mich liebte, solange ich es selbst nicht glauben konnte? Ja, das mit dem

Liebenswertsein hatte ich ja verstanden, aber liebte Sabine mich denn wirklich?

Mittlerweile war mir ja schon klar, was ich mir da gestaltete: „Ich halte mich zwar für liebenswert, aber meine Traumfrau wird mich sicher nicht lieben. Ist ja auch vollkommen logisch. Aber wie soll sie mich denn lieben, wie soll sie mir diese Liebe zeigen können, wenn meine Wahrnehmung so ausgerichtet ist? Ich glaube dann, dass sie mich liebt, wenn sie mir es glaubhaft rüberbringt. Sie kann mir es aber nur dann glaubhaft machen, wenn ich daran glaube.

Das ist ja dasselbe wie mit der Anerkennung", stellte ich fest.

Wie war das noch gleich mit der Anerkennung? Ich hatte doch lange Zeit alles getan, um Anerkennung zu erlangen. Ich hielt mich selbst für schlecht. Um mehr Selbstsicherheit zu bekommen, hätte ich Anerkennung gebraucht. Nur, wie sollte mir jemand klar machen, dass ich gut war, solange ich mich selbst für schlecht hielt? Selbst wenn es jemand gesagt hätte, hätte ich ihm nicht geglaubt.

Ein Teufelskreis war das doch. Aber wie kam ich damals aus dieser Tretmühle heraus?

Es wurde mir unwichtig. Aber wie?

Mir war mittlerweile klar, dass mein Leben immer schöner und schöner wurde. Dadurch verlor dieses Thema immer mehr an

Bedeutung. Klar, wenn ich sowieso irgendwann glücklich bin, ist mir doch eine Anerkennung nicht mehr wichtig. Je klarer mir das wurde, umso weniger flehte ich nach Anerkennung. Mir war dann einfach klar: Glücklich werde ich sowieso, und wenn andere mich gut finden, ist es eine Bereicherung.

Dann wurde mir noch klar, dass viele solch einen Teufelskreis beim Sex haben:

„Beweise mir, dass unsere Beziehung intakt ist, und schlafe gefälligst mit mir!“, strahlen manche aus.

Oder: „Wenn du nicht mit mir schläfst, liebst du mich auch nicht.“

Natürlich ist das niemandem bewusst, aber gespielt wird dies ständig.

Aber mit solch einer Erwartung benutze ich doch meinen Partner. Das ist doch eine Art Prostitution! Miteinander schlafen, um etwas zu erhalten. Gut, in diesem Fall zwar kein Geld, aber eine Bestätigung. Aber sich dann beschweren, wenn der Partner dazu keine Lust hat!

Auch hier ist das Spiel eigentlich schon durchbrochen, wenn man es erkannt hat. Wenn einem dies klar ist, zieht man es doch freiwillig nicht durch. Ideal ist es, wenn man sich mit dem Partner darüber unterhalten kann, wenn man dem Partner seine Gefühle genau beschreiben kann. Wenn dann beide dieses Spiel durchbrechen wollen, ist es umso einfacher – zumindest erscheint es einfacher, und das gestaltet ja dann auch Realität.

Und was hat das jetzt mit meinem Liebenswert-Problem zu tun?

„Los, sag mir endlich glaubhaft, dass du mich liebst, sonst schaffe ich das nie!“, sagte ich augenzwinkernd zu Sabine.

„Logisch, aber da kann ich doch machen was ich will, du glaubst mir das ja sowieso nicht“, erwiderte sie.

„Doch, ganz großes Ehrenwort!“, sagte ich mit Dackelblick.

„Vergiss es! Ich habe dir sogar schon gesagt, dass du der Mann bist, mit dem ich mal Kinder haben möchte, und du fühlst dich immer noch nicht geliebt“, erwiderte sie barsch.

Sie hielt ein bisschen inne und fuhr dann fort:

„Na ja, vielleicht hat es ja doch auch etwas mit mir zu tun. So ganz allein kann man in einer Beziehung ja kein Spiel spielen. Ich weiß zwar nicht, welches, aber es muss ja etwas mit mir zu tun haben.“

„Und welches Spiel könnte dazu passen?“, wollte ich wissen.

Wenn ich sie schon mal so weit hatte, durfte ich jetzt nicht locker lassen.

„Ich habe schon öfter gehört, dass ich nicht so gut Anerkennung geben kann“, gab sie zu.

„Nicht so gut? Wann hast du denn schon mal eine gegeben?“ – Jetzt gewann ich die Oberhand.

„Du findest doch deinen Kollegen klasse. Weiß der das?“, fragte ich.

„Na klar“, behauptete Sabine.

„Woher?“, bohrte ich weiter.

„Na, das merkt er doch“, sagte sie gereizt.

„Ach“, war mein knapper Kommentar.

„Okay, ich hätte ihm das wirklich schon mal sagen können“, gab sie zu. „Stimmt, ich sage den Leuten immer nur, was ich nicht gut finde. Aber ich meine das doch gar nicht so. Der Rest ist doch gut so und das ist doch dann klar“, sagte sie, selbst daran zweifelnd.

„Ist mir schon klar, dass du es sogar gut meinst. Du gibst mir mit diesen Kritiken ja die Möglichkeit, mich zu verbessern. Da ich bis heute aber nur von dir gehört habe, was alles schlecht an mir ist, gehe ich davon aus, dass du mich scheiße findest“, sagte ich sarkastisch.

„Totaler Blödsinn! Dann wäre ich ja wohl nicht mit dir zusammen“, war ihre logische Antwort.

„Okay, habe ich verstanden. Ich bin ja auch mit dir zusammen. Dann brauche ich dir ab heute ja auch nicht mehr zu sagen, wie schön ich dich finde, wie gut ich mich mit dir unterhalten kann, wie erotisch ich dich finde, wie sehr ich dich liebe, wie schön deine Augen sind, wie liebevoll du bist. Ist ja dann alles eh klar", sagte ich und schaute ihr dabei tief in die Augen.

„Neiiiiiin! Ist gut! Hör auf! Ich hab's kapiert!", schrie sie.

Und jetzt wusste ich, dass wir dieses Thema gemeinsam in Angriff nehmen würden.

Seit diesem Gespräch hat unser Thema total an Bedeutung verloren und sich damit immer mehr von selbst in Luft aufgelöst, denn wir wussten ja jetzt, dass wir dies schon irgendwie hinbekommen würden. Tja, so wurde es ein Selbstläufer. So wie es vorher den Teufelskreis gab, gab es jetzt den – komisch, dafür gibt es ja noch gar kein Wort – nennen wir es Gotteskreis.

Nun, wir spielten unsere Spiele zwar noch eine Zeit lang weiter; ich wollte immer noch etwas Besonderes sein. Aber um eine Lösung kamen wir mit unserer Wahrnehmungsausrichtung nicht mehr herum.

Ich brauche dich

So kam es, dass Sabine mich eines Tages fragte:

„Sag mal, was wäre denn, wenn ich dich heute verlassen würde?“

„Ich würde sterben!“, kam es wie aus der Pistole geschossen.

„Waaaas? Spinnst du? Erklärst du das deinen Klienten genauso?“, fragte Sabine entsetzt.

„Äh, da ist es ja was gaaaanz anderes“, sagte ich kleinlaut.

„Ach ja. Mach das weg! Ich will nicht verantwortlich für dich sein!“, sagte sie energisch.

Mir wurde schon selbst klar, was ich da machte. Meine Wahrnehmung war auf „Du bist verantwortlich für mein Glück“ gerichtet. Damit war ich natürlich in einer Abhängigkeit. Damit war ich Sabine natürlich ausgeliefert. Das bedeutete, wenn sie auch nur eine Kleinigkeit machte, die mir nicht passte, ging die Welt für mich unter. Wenn sie heute nicht mit mir schlafen wollte, kam in mir das Gefühl hoch, dass ich die nächsten vierzig Jahre keinen Sex mehr haben würde. Wenn sie mir nicht genau dann, wenn ich es erwartete, sagte, dass sie mich liebte, war klar, sie würde mich verlassen. Hätte sie einen Furz gelassen, wäre mir sofort klar geworden, dass ich nun vierzig Jahre Gestank würde ertragen müssen. Mit dieser Abhängigkeit konnte ich natürlich nichts mehr genießen.

Gleichzeitig setzte ich meine arme Sabine wohl „etwas“ unter Druck. Tja, unser altes Spiel.

Welches Thema aber hatte Sabine, dass sie immer wieder unter Druck geriet?

Aufopferung

Natürlich zog sich dieses Thema schon durch ihr ganzes Leben. Wie kann man denn eigentlich unter Druck geraten? Kann man denn überhaupt Druck „gemacht bekommen“? Natürlich nicht. Man setzt sich selbst unter Druck. Aber mit welcher Motivation geht denn so etwas? Warum setzt man sich denn immer wieder unter Druck?

„Aufopferung!“, sagte Sabine, als ich von ihr wissen wollte, was denn ihr wirkliches Thema sei.

Sie kannte mittlerweile ihr Thema sehr genau. Ein halbes Jahr, bevor wir uns kennen lernten, war sie gesundheitlich so angeschlagen, dass sie eines Nachts vor der Entscheidung stand:

„Entweder ich sterbe gleich heute Nacht, oder ich ändere mein Leben. So mache ich jedenfalls nicht weiter!“

Sie entschied sich für ein glückliches Leben. Gemeinsam mit ihrer Freundin Angelika bekam sie ihre Gesundheit sehr schnell wieder in den Griff. Dann sah sie sich an, was ihr die ganze Zeit ihre Energie raubte, was sie so fertig machte:

Sabine opferte sich ständig für andere auf. Ich nenne das immer „Mutter-Teresa-Syndrom“. Es standen immer zuerst alle anderen im Vordergrund.

„So lange es meinem Partner, meinen Eltern, meinen Freunden, meinen Kollegen, also meinem gesamten Umfeld, nicht gut geht, darf ich an mich noch gar nicht denken“, war wohl ihr Lebensmotto.

Dazu fiel mir ein Erlebnis ein, das ich vor einiger Zeit gehabt hatte. In meinen Beratungen lasse ich mich ja immer von meinem Bauchgefühl leiten. Zugegeben, dadurch verhalte ich mich manchmal etwas komisch.

So war es, als ich einer Klientin ein benutztes Papiertaschentuch entgegenstreckte. Sie nahm es! Unglaublich, sie nahm mir mein Taschentuch ab! Dann saß sie da und wusste nichts damit anzufangen.

„Nimmst du eigentlich jedem seinen Müll ab?“, fragte ich, noch selbst von meiner Aktion irritiert.

„Ja, jeder gibt mir einfach seinen Müll!“, antwortete sie und brach in Tränen aus.

Natürlich war meine Aktion nur eine Versinnbildlichung ihres Lebensthemas, aber sie war wohl der Mülleimer der Nation. Aufopferung für andere hat wohl viele Facetten, ist aber ein sehr verbreitetes Thema.

Nun ging Sabine mit ihrem Thema zu ihrer Freundin Angelika. Da Angelika Heilpraktikerin war, war ihr sofort klar:

„Na, dann bist du ja ein potenzieller Krebskandidat!“

„Wieso Krebskandidat?“, war Sabine damals noch nicht klar.

„Diejenigen, die sich ständig für andere aufopfern, sind bekanntermaßen krebsgefährdet“, wusste Angelika aus eigener Erfahrung und natürlich aufgrund ihrer Ausbildung.

„Dann will ich das nicht mehr!“, sagte Sabine bockig.

Unterschiedliche Umsetzung

Ich weiß zwar nicht, wie Sabine das immer macht, aber wenn es darum geht, die neuen Erkenntnisse über sich selbst in ihr Leben zu integrieren, bin ich total neidisch. Sie sieht sich ihr Thema an, wird bockig, will es dann einfach nicht mehr, holt sich die richtige Information dazu und setzt es dann einfach um. Bei kleineren

Themen macht sie das innerhalb eines Tages, eigentlich sind es nur Stunden. Hierzu benötige ich einen ewigen Prozess. Ich hole mir die Informationen, dann brauche ich Bestätigungen, dann suche ich nach Beweisen, und irgendwann glaube ich es dann. Wenn ich zum Beispiel etwas über ein Thema erzähle, hört Sabine sich das an und urteilt darüber, ob es für sie stimmig ist. Wenn ja, hat sie es damit bereits umgesetzt. Zu dem Zeitpunkt suche ich selbst noch lange nach Beweisen.

„Warum hörst du dir denn nicht einfach zu?“, fragt sie dann auch noch.

Na ja, ich bin nun mal ein großer Zweifler und habe damit wohl eine andere Art, etwas umzusetzen, als Sabine. Aber ein bisschen neidisch darf ich ja wohl sein, oder?

Oder liegt es vielleicht daran, dass ich ein Mann bin? Wie anders sich Männer verhalten als Frauen, sieht man doch daran, wie genial wir Männer leiden können.

Schneidet sich eine Frau in den Finger, denkt sie:
„Aua“
und steckt den Finger in den Mund, damit sie nichts blutig macht. Natürlich arbeitet sie währenddessen mit der anderen Hand weiter.

Bei uns Männern sieht das ein wenig anders aus:

Wir schreien laut:

„SCHEISSE!“
und strecken den Finger weit nach hinten, denn wir können ja schließlich kein Blut sehen. Dann rufen wir verzweifelt unsere Frau:

„Komm schnell, ich habe mich verletzt!“

Die Frau kommt schon mit dem Pflaster in der Hand angerannt.

„Pflaster?“, schreien wir ungläubig. „Ich brauche einen Verband!“, verlangen wir logischerweise.

Während sie unterwegs ist, lesen wir schon mal in unserem Gesundheitslexikon nach, wie viel Blutverlust der Mensch so überleben kann. Dann legen wir uns erst einmal hin, denn uns wird schon ganz schwindelig. Aber der Finger muss hoch gehalten werden. Du glaubst ja nicht, wie der pocht! Jeden Herzschlag merkst du.

Nachts schlafen wir natürlich nicht, denn wir müssen ja schließlich stündlich beobachten, ob sich ein schwarzer Strich entlang unserer Ader bildet.

Total übermüdet gehen wir dann am nächsten Tag ins Büro – natürlich mit dem Arm in einer Binde.

„Was ist denn mit dir passiert?“, wollen alle wissen.

„Ach, nicht der Rede wert!“, sagen wir mit einer lässigen Handbewegung.

Ach Quatsch, daran kann es ja nicht liegen, ich bin wahrscheinlich doch nur ein zu großer Zweifler. Aber auch der größte Zweifler kann das alles umsetzen.

Aber bei ihrem Lebensthema brauchte auch Sabine ein wenig länger. Dies ging sie wohl in mehreren Schritten an. Und so kam es, dass sie sich am Anfang unserer Beziehung noch für mich aufopfern wollte. Da wir aber beide keine Lust auf Beziehungsstress hatten, fanden wir natürlich schnell heraus, wie unser gemeinsames Spiel funktionierte, und hörten einfach damit auf.

Ich rette die Welt

„Aber bitte, Sabine, verlagere dein Thema jetzt nicht auf einen anderen Lebensbereich. Ich hatte schon Klienten, die dachten sie müssten die Welt retten, als ihnen nichts Besseres zum Aufopfern mehr einfiel. Mit diesem Argument erschlagen sie jegliches Gegenargument, opfern sich kräftig auf und wollen dann auch noch gefeiert werden“, sagte ich eindringlich.

„Aber was wäre denn schlecht daran, wenn ich die Welt verbessern wollte?“, wollte sie wissen.

„Nichts!“, antwortete ich. „Ich will ja auch, dass so viele Menschen wie möglich glücklich sein können. Nur gebe ich dafür meine Bedürfnisse nicht auf. Ich gebe Seminare und Einzelberatungen, weil es mir unglaublich Spaß macht. Wer weiß, vielleicht schreibe ich ja irgendwann mal ein Buch – aber nur, wenn es mir Spaß macht. Und wenn ich damit dann die Welt rette – schön. Aber ich lebe meine Bedürfnisse, und wenn ich das tue, habe ich die meiste Energie. Ich fühle mich gut und stark. Wenn der liebe Gott tatsächlich eine Aufgabe für mich hätte, würde er mir doch sicherlich auch die notwendigen Fähigkeiten dazu geben. Also brauche ich doch nur meine Fähigkeiten auszuleben und trage damit meinen Beitrag dazu bei – wenn es so etwas überhaupt gibt. Wenn nicht, hatte ich wenigstens Spaß!“

Ende des Spiels

Wie aber beendeten wir genau unser gemeinsames Spiel?

Die Lösung war sehr einfach. Uns wurde klar, dass wir sowieso glücklich sein konnten und dass unser Leben ja immer schöner und schöner wurde. Dafür sorgte ja unsere Grundüberzeugung: „Ich bin auf dem Weg zum vollkommenen Glück.“

Ich wurde also auf jeden Fall glücklich, und Sabine ist eine „zusätzliche“ Bereicherung.

Und uns war natürlich auch klar: Rollen, die uns anstrengen, werden wir nicht mehr spielen.

Ja, jetzt war ich liebenswert und konnte lieben. Und ich erlebte natürlich das Tollste, was ich mir vorstellen konnte – nein, viel mehr, als ich mir je hätte vorstellen können. Alle Ängste waren weg. Ich hatte auf einmal nicht mehr das Gefühl, nichts mehr falsch machen zu dürfen. Ich verhielt mich einfach so, wie ich es für richtig hielt. Wenn dies dann für Sabine so nicht in Ordnung war, sagte sie mir das einfach. Dabei fühlte ich mich aber genauso geliebt wie immer. Keine Ablehnung! Und wenn wir ab und zu noch einmal rückfällig wurden, gestanden wir uns dies einander zu. Wir hatten diese „Spiele" ja immerhin lange genug betrieben. Ansonsten brachten wir halt eben einfach unsere Wertmaßstäbe liebevoll rüber. So hatten wir dann natürlich die Chance, unsere Wertmaßstäbe zu durchleuchten und gemeinsam die für uns „richtige" Lösung zu finden.

Doch wie kam ich denn eigentlich zu der Grundüberzeugung „Ich bin auf dem Weg zum vollkommenen Glück!", und woher nahm ich denn die Sicherheit, dass mein Leben immer schöner und schöner wurde?

Welchen Einfluss habe ich auf meine Realität?

Wie sah es denn, nachdem das mit der Liebe nun geklärt war, mit meinen anderen Gefühlen aus? Die hatte ich ja auch lange genug unterdrückt. Wenn ich zum Beispiel hörte, dass Frauen vor dem Fernseher saßen und weinten, dachte ich immer:

„Warum schalten die denn nicht einfach um? Da guckt man einfach einen Schwarzenegger, und schon ist alles in Ordnung!"

Auch das hat sich natürlich geändert. Denn als ich entschied, Gefühle zuzulassen, gehörten diese Gefühle natürlich auch mit dazu. Es war für mich unglaublich, als ich das erste Mal einen Film sah und ein Tränchen floss.

„Was ist denn jetzt los? Nur gut, dass mich niemand sieht", dachte ich.

Aber ich schaltete nicht um. Ich genoss es und kam mir total komisch vor – Mein erstes Tränchen seit über dreißig Jahren. Wie das dann weiter ging, möchte ich gar nicht beschreiben. Ist ein bisschen peinlich – ich und Weinen!

Ich hatte nun also Zugang zu allen Gefühlen und zur Liebe. Ich konnte so das Leben endlich wirklich erleben. Es kam mir so vor, als wäre ich vorher nur wie ein Zombie oder Roboter durch die

Welt gewandelt. Ich erinnerte mich an eine Episode von „Raumschiff Enterprise“:

Ein Mann verletzte sich seinen Arm. Er wurde behandelt. Dabei machte er eine schreckliche Entdeckung: Sein Arm funktionierte mechanisch. Er war ein Roboter – ein so gut programmierter Roboter, dass er es nicht einmal selbst bemerkt hatte, aber eben ein Roboter. Er fiel in eine tiefe Depression.

Genauso kam ich mir vor, als ich entdeckte, wie ich meine Gefühle die ganzen Jahre untergraben hatte.

Aber jetzt war ja alles anders, und es machte keinen Sinn, sich wegen der vergangenen Zeit verrückt zu machen. Es ist doch bedeutend sinnvoller, sich darüber zu freuen, was einem ab jetzt noch möglich ist, was das Leben ab jetzt zu bieten hat.

Die äußere Realität

Aber wie sah denn so mein „restliches“ Leben aus? Denn neben der Gefühlswelt gibt es ja auch noch die Realität, die ich im Außen erlebe. Da standen doch noch einige andere Überzeugungen, die mein Leben als Klein-Thomas schon schwer genug gemacht hatten. Waren die so einfach verschwunden? Natürlich nicht!

Da stand zum Beispiel noch die Überzeugung „Ich muss mich schützen“. Hierzu gehen wir zeitlich noch einmal zurück:

Als Kind wurde ich ja ständig verprügelt. Logischerweise musste ich lernen, mich zu verteidigen. Als Erstes lernte ich Judo. Damit konnte ich anfangs ja wirklich etwas anfangen. Doch je besser ich wurde, desto besser wurden meine Gegner. Ich merkte schnell, dass Judo nicht die geeignete Selbstverteidigung war. Ich wechselte zu Karate – viel besser. Endlich konnte ich mich wehren – aber nur für kurze Zeit. Die Gegner, die ich anzog, waren wieder stärker, und die Kämpfe wurden immer brutaler. Jetzt suchte ich also die ultimative Kampfkunst. Wing Tsun Kung Fu war die Antwort. Sehr schnell lernte ich Techniken, mit denen ich mich unbesiegbar fühlte. Meine Bestätigung kam schnell:

Ich ging an einem ganz normalen Sommerabend durch die Straßen von Wiesbaden. Drei Skinheads kamen auf mich zu. Zum ersten Mal in einer solchen Situation schoss kein Adrenalin durch meine Adern. Ich fühlte mich einfach sicher. Sie standen nebeneinander vor mir. Der mittlere kam einen Schritt auf mich zu und stand nun einen Meter von mir entfernt. Schlagdistanz!

„Ich hab‘ da mal ‘ne Frage“, sagte er.

„Ja bitte?“, schaute ich ihn fragend an.

Er beugte sich ein wenig vor. Plötzlich schoss seine rechte Faust direkt auf mein Gesicht zu. Doch noch ehe diese ihr Ziel erreichen konnte, lag dieser Bursche am Boden. Er war ja vorher schon recht hässlich gewesen. Aber jetzt wollte ich schon gar nicht mehr mit ihm tauschen. Die beiden anderen standen wie angewurzelt da. Ich sah sie provozierend an und fragte:

„Habt ihr auch noch ‘ne Frage?“

„Ne, ne!“, sagten sie verdutzt und zogen ihren Freund in Sicherheit.

Was mich dann allerdings erschreckte, war, dass ich richtiggehend enttäuscht war, dass die beiden nicht weitermachten. Ich wollte den nächsten umbringen. Ich wollte töten. Ich hätte dreißig Jahre angestauten Hass in den nächsten Schlag gelegt, und das hätte niemand überlebt. Ich fand mich dafür nicht toll, aber genau das war halt mein Gefühl.

Seit diesem Tag wurde ich nie mehr körperlich angegriffen. Ich fühlte mich ja sicher. Aber ich war noch immer davon überzeugt, dass man sich schützen musste. Also verlagerten sich die Angriffe, die ich erlebte, auf andere Gebiete. Und hier kam ich mir hilfloser vor als je zuvor. Es war, als wäre ich in eine andere Liga aufgestiegen:

Ich bekam einen neuen Chef. Was man erlebt, wenn es der Chef auf einen abgesehen hat, brauche ich ja eigentlich gar nicht näher zu beschreiben. Doch meine besondere Situation war, dass ich selbst Vorgesetzter war. Ich war Abteilungsleiter und musste natürlich dafür sorgen, dass mein Bereich die richtigen „Zahlen“ brachte. Dazu braucht man ganz einfach die Unterstützung der Mitarbeiter.

Mein neuer Chef hatte natürlich nichts Besseres zu tun, als meine Mitarbeiter gegen mich aufzuhetzen. Das war ja sehr einfach. Er gab mir andere Informationen als meinen Leuten, und schon war ich unglaubwürdig. Ich wurde von allen Seiten angegriffen und gemobbt.

Zu diesem Zeitpunkt war mir ja noch nicht klar, dass ich okay war. Ich hatte, wie man sieht, noch dieses Ausgrenzungsthema am Laufen.

Wie gerne hätte ich hier mein Wing Tsun mal so richtig ausprobiert. Aber das ging natürlich nicht. Also lernte ich wieder „Techniken“, um auch mit diesen Angriffen umzugehen. Als ich auch darin „Meister“ war, stieg ich einfach wieder in die nächste Liga auf.

Zwischenzeitlich hatte ich mich mit Esoterik beschäftigt. Wenn ich vorher gedacht hatte, ich hätte Probleme, wurde mir jetzt erst klar, was richtige Probleme waren. Ich lernte, dass es Menschen gab, die einem die Energie wegsaugen konnten: so genannte Energievampire. Nun, die erlebte ich auch. Wieder musste ich mich schützen. Wieder hatte ich keine Techniken. Alles fing von vorne an, nur mal wieder viel schlimmer.

So zog sich dieses Thema durch mein Leben, bis ich es letztendlich mit einem Geist zu tun bekam, der Besitz von mir ergreifen wollte.

Aber zum Glück hatte ich zu diesem Zeitpunkt bereits gelernt, dass meine Aufmerksamkeit – das heißt, die Ausrichtung meiner Wahrnehmung – meine Realität bestimmte und dass meine Aufmerksamkeit bis dahin vor allem durch meine Überzeugung „Ich muss mich schützen“ bestimmt worden war. So wurde mir klar, dass ich das nicht weiter spielen würde, und ich entschied mich, meine Aufmerksamkeit stattdessen auf ein glückliches Leben zu richten.

Wie aber war mir dies möglich?

Wie geht das mit der Realitätsgestaltung denn jetzt genau?

Das Einzige, was zu diesem Thema bis jetzt wirklich bewiesen wurde, ist, dass ich die Realität erlebe, auf die ich meine Aufmerksamkeit richte. Alles andere sind Mutmaßungen!

Viele sind aufgrund der Erfahrungen, die sie mit diesem Thema gesammelt haben, zu dem Schluss gekommen, dass Gedanken Realität gestalten. Diese Überzeugung hat jedoch fatale Konsequenzen:

Wer gestaltet meine Realität?

Als ich anfing, mich mit Esoterik zu beschäftigen, kam ich natürlich sehr schnell mit dem Thema „Realitätsgestaltung" in Kontakt. Prompt sah ich ein Interview mit Bärbel Mohr, die ihr Buch „Bestellungen beim Universum" vorstellte. Was sie da erzählte, war für mich unvorstellbar. Angeblich könne man jeden Wunsch einfach so beim Universum bestellen, und schon gehe er in Erfüllung. Ich konnte es zwar kaum glauben, aber die Art, wie sie es erzählte, war so überzeugend, dass ich mir das einmal genauer anschauen wollte.

„Wenn das alles funktioniert, was du da so erzählst, bestelle ich mir *dich*“, dachte ich mir, noch vor dem Fernseher sitzend.

Natürlich wollte ich es jetzt genau wissen. Ich bestellte wie von ihr empfohlen freie Parkplätze.

„Das gibt's doch gar nicht, das scheint ja wirklich zu funktionieren!“, musste ich feststellen.

Ich konnte hinfahren, wo ich wollte, ich hatte immer meinen Parkplatz.

„Okay, jetzt muss was Handfestes her. Was könnte ich mir denn mal wünschen? Eine Gitarre. Ja, eine Konzertgitarre mit Vollholzplatte. Die sind ja richtig teuer“, sagte ich zu Bodo, der mir gerade gegenüber saß.

„Damit es allerdings etwas wahrscheinlicher ist, darf sie dreihundert Mark kosten“, fuhr ich etwas unsicher fort.

Bodo sah mich provozierend an und sagte:

„Ein toller Schöpfer bist du! Willst deine Realität gestalten und trotzdem dreihundert Mark dafür bezahlen? Entweder – oder!“

„Hm, irgendwie hast du ja nicht so ganz Unrecht“, musste ich zugeben.

„Also gut, dann bestelle ich jetzt eine Konzertgitarre aus Vollholz für umsonst“, sagte ich vorlaut. „Und zwar nächste Woche!“

Am nächsten Tag kam eine Kollegin in mein Büro und sah mich einfach an.

„Hallo?", sagte ich mit fragendem Blick.

Aber irgendwie kam nichts zurück.

„Was will die denn bloß von mir?", hätte ich gerne gewusst.

Ich sah sie an, und mir fiel auf:

„Die sieht so aus, als wollte sie mir eine Gitarre schenken!"

„Sag mal", fing ich kleinlaut an, „willst du mir eine Gitarre schenken?"

„Ja!", sagte sie und sah mich total verwirrt an.

Sie fragte nicht mal, wie ich so frech sein konnte, eine solche Frage zu stellen.

Am nächsten Tag hatte ich dann meine Gitarre. Natürlich eine Konzertgitarre aus Vollholz.

Doch das Beste daran war: Bodo war tierisch neidisch. Und das war nun die beste Motivation, Dinge beim Universum zu bestellen, um Bodo zu ärgern! Im Nachhinein betrachtet war das wirklich eine gute Motivation, denn das war einfach nur der Spieltrieb.

Ich bestellte eine E-Gitarre, ein Sportlenkrad, Bücher und so viel mehr, dass Bärbel Mohr davon Wind bekam. Und es kam wie es kommen musste, kurze Zeit später saßen wir zusammen, weil sie mich zu meinen Bestellerfolgen interviewte.

Jetzt wird es wichtig

„Wenn ich doch so viel Erfolg mit meinen Bestellungen habe, kann ich mich ja jetzt an die großen Dinge wagen“, dachte ich mir nach dem Gespräch.

„Zweiundzwanzig Millionen!“, war mein bescheidener Wunsch.

Ich spielte Lotto, denn das war die einzige Möglichkeit, die mir einfiel, dies überhaupt zu ermöglichen.

Genau zur selben Zeit bekam ich im Büro Ärger – so richtigen Ärger. Der wurde immer mehr. Jeder Tag war eine Qual. Jetzt hätte ich die Millionen gut gebrauchen können!

„Ups, was ist das denn? Ich habe mir ja in Wirklichkeit gar keine zwanzig Millionen gewünscht – ich habe mir gewünscht, nicht mehr arbeiten zu müssen!“, schoss mir plötzlich durch den Sinn. „Und das erlebe ich ja jetzt auch. Ich erlebe Situationen, die mir das Gefühl geben, nicht mehr arbeiten gehen zu wollen. Na klasse, mein Wunsch ging also wieder in Erfüllung. Ich hatte mir das zwar ein wenig anders vorgestellt, aber na ja.“

Dabei fiel mir ein, dass ich ja vor einiger Zeit schon einmal eine ähnliche Situation erlebt hatte. Aus dem Nichts heraus verhielt sich mein Umfeld sehr merkwürdig. Ich musste mich immer mehr anstrengen, ihnen zu gefallen. Klar, das war zwar mein altes Thema, aber wieso kam es nach so langer Zeit wieder hoch?

„Was habe ich mir denn da gewünscht?“, überlegte ich mir. „Oh nein! Das gibt es doch nicht!“, schrie ich innerlich.

Ich wollte Telekinese lernen. Ich wollte Kraft meiner Gedanken Gegenstände bewegen. Was konnte an diesem Wunsch denn falsch sein?

Ich wollte beeindrucken. Ich wollte eigentlich gar nicht Telekinese lernen, ich wollte nur beeindrucken. Tja, das erlebte ich dann ja auch wieder. Ich wurde abgelehnt und musste beeindrucken, damit überhaupt jemand mit mir „spielte“.

Somit ging also auch dieser Wunsch in Erfüllung. Nur ging auch hier der Schuss nach hinten los!

„Es ist also die Motivation des Wunsches, die in Erfüllung geht – der Wunsch hinter dem Wunsch, der Gedanke hinter dem Gedanken“, leuchtete mir ein.

Bei den ersten Bestellungen war es ja nur eine Spielerei gewesen – ein Wettkampf mit Bodo. Aber der Wunsch war der Wunsch. Ich wollte eine Gitarre. Wenn ich sie nicht bekommen hätte, wäre es mir völlig egal gewesen. Das hatte nichts damit zu tun, ob ich glücklich war oder nicht.

Aber hier machte ich es mir auf einmal wichtig. Ich wollte etwas haben, damit ich künftig Unglück vermeiden konnte. Ich wollte doch nur Ablehnung vermeiden. Meine Wahrnehmung war also auf Ablehnung ausgerichtet, und die erlebte ich dann ja auch.

Gestalten meine Gedanken Realität?

Mittlerweile hatte ich davon gehört, dass angeblich Gedanken Realität gestalten: Das, woran ich denke, werde ich erleben. Meine Erfahrungen mit dem Bestellen ließen mir das logisch erscheinen.

„Ich erlebe also das, an das ich denke", dachte ich.

„Na klasse, da muss ich doch nur noch positiv denken, und mein Leben ist in Ordnung!", war meine Schlussfolgerung.

Das Fatale daran war nur: Wenn ich positiv denken muss, darf ich natürlich nie negativ denken. Denn wenn meine Gedanken Realität gestalten, gestalten meine negativen Gedanken natürlich auch Realität. Stell dir einmal einen Kühlschrank vor, in dem kein Schinken liegt. Genauso erging es mir mit der Überzeugung, keine negativen Gedanken mehr haben zu dürfen. Nie zuvor hatte ich so viele negative Gedanken wie zu dieser Zeit. Und alle gingen in Erfüllung.

So wurde mir immer mehr bestätigt, dass Gedanken wirklich Realität bestimmten. Eine neue Überzeugung war geboren.

Ich dachte an Schönes und erlebte Schönes, ich dachte an Negatives und erlebte dies dann auch. Ich bekam immer mehr Angst vor meinen eigenen Gedanken.

„Nur nichts falsches denken, sonst passiert wieder irgendetwas!“, maßregelte ich mich ständig.

So kam es dann eines Tages, wie es kommen musste. Wir fuhren in den Skiurlaub. Ich war jedoch kein normaler Skifahrer. Ich war süchtig nach Geschwindigkeit. Bis dahin lief unser erster Tag immer gleich ab. Morgens in aller Frühe losfahren und während der Fahrt ein Brötchen essen, um möglichst früh dort unten anzukommen.

Kaum angekommen, sofort an den Lift, und auf geht’s.

Oben angekommen, kaum nach rechts oder links geschaut, die Ski angeschnallt, in die Hocke und Vollgas!

„Du brichst dir noch mal den Hals!“, hörte ich immer wieder.

„Quatsch“, war mir jedes Mal klar.

Aber diesmal machten wir alles anders.

„Diesmal lassen wir es ruhig angehen!“, hörte ich mit Entsetzen.

Wir fuhren gemütlich nach Österreich, kamen mittags an, gingen gemütlich essen und ließen dann den Tag ausklingen.

Am nächsten Morgen ausschlafen.

„Ich bin nicht der Erste auf der Piste!“, stellte ich voller Entsetzen fest.

Frühstücken. Gemütlich!

Irgendwann kamen wir dann doch auf die Piste.

„So, jetzt machen wir uns erst mal warm!“, sagte jemand und schaute dabei möglichst vernünftig.

Aber dann fuhren wir endlich los.

Langsam natürlich.

Die Piste war leer, die Sonne schien, klare Sicht, und ich fuhr langsam.

„Hoffentlich fährt mir jetzt niemand ins Kreuz!“, schoss mir in den Sinn.

Just in diesem Augenblick flog ich auch schon durch die Luft. Ein Raser war mir mit voller Geschwindigkeit in den Rücken gefahren.

Ein Wirbel war gebrochen.

„Siehst du, hättest du bloß nicht so einen Müll gedacht, wäre das nicht passiert."

Früher hätte ich in einer solchen Situation wenigstens auf diese Pistensau sauer sein können oder mit dem Schicksal hadern. Aber jetzt war ich auch noch selbst schuld!

Einige Zeit später, ich lag gerade mit Schmerzen daheim, dachte ich mir:

„Wenn also ein einziger Gedanke meinen Wirbel gebrochen hat, kann ihn doch auch ein einziger Gedanke wieder heilen. Wer eine Wunderkaputtmachung hinbekommt, für den kann doch eine Wunderheilung kein Problem sein."

Ich musste nur eine Methode finden, die mir glaubhaft erschien. Ich versetzte mich erst einmal gedanklich in diesen Wirbel hinein. Ich sah und spürte die zerstörte Struktur. Ich ging immer tiefer in dieses Gefühl. Ich war auf einmal dieser Wirbel. Dann streckte ich mich – natürlich nur in Gedanken als Wirbel.

Dabei geschah das wirklich Verblüffende: Der Wirbel knirschte so laut, dass auch Bodo, der mir dabei gegenüber saß, dies hörte. Er sah mich verblüfft an.

„Was hast du denn jetzt schon wieder gemacht?", fragte er besorgt.

Ich kam aus meiner Trance, reckte und streckte mich – schmerzfrei.

„Was soll ich schon gemacht haben? Natürlich meinen Wirbel geheilt!“, verblüffte ich Bodo, den ansonsten nichts so schnell beeindruckt.

Tja, und dem Arzt, der mich nun erneut röntgte, war sofort klar, dass hier vorher meine Bilder vertauscht worden sein mussten, und ich wohl nie einen Wirbelbruch gehabt hatte.

„Ist klar!“, war das Einzige, was mir dazu noch einfiel.

Leider ließ diese Bestätigung, dass meine Gedanken so effektiv Realität gestalteten, mein Leben außer Kontrolle geraten. Jeder blödsinnige Gedanke setzte sich um.

Als ich dies nicht mehr aushielt, fiel mir plötzlich auf, dass es mir doch viel besser gegangen war, als ich von all dem noch nichts gewusst hatte. Ich hatte ja vorher schon gedacht, ich hätte Probleme. Aber als ich mich mit der Esoterik beschäftigte, lernte ich erst einmal, was richtige Probleme waren!

Konnte man dieses Rad denn nicht einfach zurückdrehen? Als ich noch gedacht hatte, alles basiere auf meinem Handeln und auf Zufällen, hatte ich das doch auch so erlebt.

Als ich hingegen dachte, Gedanken würden Realität gestalten, erlebte ich plötzlich das.

Beides waren einfach nur Überzeugungen, die beide gleich richtig oder falsch waren.

Dann schienen es doch meine Überzeugungen zu sein, die mich erleben ließen, was ich erlebte.

„Aber dann macht es doch gar keinen Sinn, wieder ins alte Muster zurückzugehen“, war mir jetzt klar. „Ich brauche doch nur eine schöne Überzeugung, die mich in die richtige Richtung steuert.“

So wächst eine neue Überzeugung

Als Erstes war mir klar: Wenn ich eine Grundüberzeugung – einen Kernglaubenssatz – hätte, der meine Aufmerksamkeit immer wieder in die „richtige“ Richtung lenkte, würde mein Leben ja immer schöner und schöner werden. Ich müsste nicht einmal etwas dafür tun. So wie meine Überzeugungen, die ich bis jetzt vom Leben gehabt hatte, meine Wahrnehmung zum Beispiel auf „Ich muss mich schützen“ lenkte, so würde eine schöne Überzeugung doch meine Aufmerksamkeit auf das Schöne richten.

Was will ich denn überhaupt?

Doch dazu überlegte ich mir zuerst einmal, was denn die für mich ultimative Überzeugung wäre. Diese Überzeugung sollte natürlich für dieses Leben, aber natürlich auch für die Ewigkeit gültig sein. Nun, ich musste nicht lange überlegen: Ich will jeden Tag vierundzwanzig Stunden vollkommen glücklich sein!

„Moment, ist das denn auf Dauer nicht langweilig?“, fragte ich mich. „Will ich das denn wirklich?“

Als Erstes fiel mir dazu ein, dass Langeweile ja kein Glücksgefühl war. Somit war also schnell klar, dass dies damit wohl ausgeschlossen war.

„Aber muss ich denn nicht Unschönes erleben, damit ich das Schöne überhaupt wahrnehmen kann?“, meldete sich mein Zweifel.

Darauf fiel mir allerdings keine so einfache Antwort ein. Also fragte ich doch einfach Bodo. Der kannte sich doch mit so etwas aus.

„Damit wir unsere Gefühle wahrnehmen können, benötigen wir eine Spannungsdifferenz“, fing Bodo an zu erklären. „Das kann man natürlich auch damit erreichen, dass man schöne Gefühle mit unschönen wechselt. Zuerst zofft man sich, und dann versöhnt man sich wieder im Bett“, schmunzelte er. „Ich kann diese Spannungsdifferenz aber auch innerhalb schöner Gefühle erleben, diese müssen halt einfach nur wechseln. Zwischen Lust, Euphorie und Genuss herrscht ja auch eine riesige Spannungsdifferenz“, fuhr er fort.

Damit wurde mir natürlich klar: „Es müssen ja nur immer die richtigen Glücksgefühle zum richtigen Zeitpunkt kommen, so einfach ist das. Das ist ja wie beim Sex: Zuerst habe ich Lust, dann habe ich Tatendrang, dann kommt die ‘Euphorie‘, und dann schlafe ich ein – ach nein, dann genieße ich und kuschle. Oder ich habe Lust, ein Buch zu schreiben, dann tue ich es einfach, dann kommt die Spannung, ob es ankommt, dann kommt das Erfolgserlebnis, und dann kommt die Zufriedenheit. Wenn ich immer nur Lust hätte, bekäme ich Frust. Dauereuphorie kann ich mir schon gar nicht vorstellen. Aber diese unterschiedlichen Glücksgefühle hintereinander zu erleben hört sich gut an."

Somit war mir einfach klar, dass ich wohl tatsächlich die richtige Überzeugung ausgewählt hatte. Aber wie sollte ich es denn nun schaffen, diesen bescheidenen Wunsch zu einer Überzeugung zu machen? Ich hatte ja schon viele Techniken ausprobiert.

Und wie bekomme ich nun diese Überzeugung?

Affirmation zum Beispiel. Ich sagte mir ständig: „Ich bin glücklich."

So soll man angeblich auch abnehmen können – einfach sagen: „Ich bin schlank" und das ständig wiederholen.

Nur, wenn ich dick bin, mich vor den Spiegel stelle und sage: „Ich bin schlank", sieht mich mein Spiegelbild an und sagt: „Hey, jetzt bist du nicht nur dick, jetzt bist du auch noch durchgeknallt!"

Ich kann es einfach nicht glauben, weil es einfach nicht so ist. Meistens verschlimmert sich sogar noch alles, weil man damit seine Aufmerksamkeit auf den Mangel richtet – in meinem Fall auf:

„Ich wäre gerne glücklich, bin es aber nicht. Und zu blöd zum Affirmieren bin ich noch obendrein.“

Also das ging schon mal nicht. Aber was musste ich denn nun tun, damit ich eine Überzeugung erhielt? Da stellte sich doch die Frage, was ich denn bis jetzt getan hatte, um Überzeugungen zu gewinnen? Ich hatte ja bereits etliche schöne und unschöne Überzeugungen. Hatte ich dafür affirmiert, gebetet, positiv gedacht, Räucherstäbchen angezündet oder mir eine Moxazigarre in den Hintern gesteckt? Nichts hatte ich getan, absolut nichts, und trotzdem waren sie da. Also musste es da doch irgendeinen Automatismus geben.

So wuchs ja schon mal eine Überzeugung

„Dann schaue ich mir doch mal an, wie eine Überzeugung in mir entstanden ist. Da nehme ich doch am besten eine, die ich erst im hohen Alter von dreißig erhielt“, dachte ich, denn eine Kindheitsprägung nutzte mir momentan nicht so viel.

„Wie habe ich mich denn überzeugt, dass es Energievampire gibt?“, fragte ich mich weiter.

Mir kam sofort die Geschichte in den Sinn, wie alles begonnen hatte:

Als ich noch als ganz normaler, weltlich denkender Ingenieur durch das Leben schlenderte, war für mich Energie gleichbedeutend mit: Wenn ich auf den Schalter drücke, geht das Licht an. Dann begann ich, mich mit Akupunktur zu beschäftigen. Ich wollte alles darüber wissen. Ich war wie besessen. Vor allem wollte ich immer ganz genau wissen, welcher Punkt momentan der Richtige war. Die Bücher, die ich hierüber las, konnten dies nun wirklich nicht befriedigen. Bei Kopfschmerzen waren so ungefähr Millionen von Punkten möglich. Okay, ein bisschen übertrieben, aber wirklich unbefriedigend. Das kam mir wie ein Gießkannenprinzip vor.

Durch ein „Missverständnis" lernte ich dann, die Energieblockaden zu sehen. Ich *sah* also auf einmal die Akupunkturpunkte, die blockiert waren. Jetzt war ich natürlich völlig durch den Wind. So ging ich auf die Suche, was ich mit dieser „Gabe" anfangen könnte. Hierbei traf ich auf einen kompetenten Menschen. Er erklärte mir viel über Energie, über Blockaden und vieles mehr.

Plötzlich wurde er aber leiser und sah auch irgendwie wichtig aus:

„Du musst dich übrigens auch vor Energievampiren schützen!"

„Was um alles in der Welt sind denn Energievampire?", wollte ich wissen.

„Das sind Menschen, die dir deine Energie wegsaugen. Wenn du auf sie triffst, fühlst du dich danach schlapp. Die brauchen das. Die saugen jedem Energie ab, weil sie dies zum Überleben brauchen. Nur, das geht natürlich auf deine Kosten. Deshalb musst du dich vor ihnen schützen!“, sagte er eindringlich.

„Du hast sie ja nicht mehr alle!“, erwiderte ich, denn ich hatte bis dahin ja noch nie etwas dieser Art erlebt.

Doch er fuhr fort und sah dabei noch ein bisschen wichtiger aus:

„Dass du das noch nicht glauben kannst, ist mir ja klar, denn du hast damit ja noch keine Erfahrung gesammelt. Aber“, er beugte sich vor und sah mir tief in die Augen „du hattest ja die ganze Zeit nichts mit Energie zu tun. Jetzt bist du für Energien empfänglich. Du siehst sie und du spürst sie. Du hast quasi eine Tür in eine andere Dimension geöffnet. Somit bist du jetzt natürlich auch offen für negative Energie und für Energiesauger.“

Jetzt kam in mir das Gefühl hoch: Der hat sie immer noch nicht alle, aber ganz ausgeschlossen ist es ja nicht. Ich hielt es für eventuell im Bereich des Möglichen.

Und genau das erlebte ich dann auch. Ich erlebte Situationen, die in mir das Gefühl widerspiegelten: „Es ist im Bereich des Möglichen, dass es Energievamps gibt“. Diese Erfahrungen waren natürlich keine Beweise, aber Indizien. Ich sammelte mit dieser Annahme also Erfahrungen. Je mehr Erfahrungen ich dahin gehend machte, umso mehr wuchs meine Überzeugung. Je mehr meine Überzeugung wuchs, umso deutlicher wurden die Erfahrungen. Ich hielt es irgendwann für möglich, dann für gut möglich, dann für wahrscheinlich und letztendlich für sicher!

So einfach wie diese waren bis dahin alle meine Überzeugungen entstanden. Und genauso konnte sich natürlich auch eine neue entwickeln.

So geht's

„Also treffe ich doch einfach die Annahme, ich kann 24 Stunden am Tag glücklich sein, und lasse dies zu meiner neuen Überzeugung wachsen – ohne eigenes Zutun. So wie halt eben alle Überzeugungen wachsen“, beschloss ich.

„Doch wie kann ich denn jetzt und hier einfach eine solche Annahme treffen?“, stellte sich mir die Frage.

„Halte ich es denn für ausgeschlossen, dass dies möglich ist?“, kam mir dann in den Sinn.

„Bingo, ich halte es ja schon jetzt für möglich. Damit ist die Annahme ja schon getroffen!“, wurde mir deutlich. „Und damit wird die Überzeugung in mir wachsen.“

„Aber Moment", jetzt kam es noch dicker. „Wenn mir doch all das klar ist, weiß ich doch sicher, dass diese Überzeugung in mir wächst. Damit weiß ich doch auch sicher, dass ich es irgendwann erreicht haben werde. Damit bin ich ja bereits auf dem Weg zum vollkommenen Glück. Das ist ja schon eine Überzeugung!"

Und diese Überzeugung gestaltete natürlich Realität.

„So, dann muss ich jetzt also nur noch schnell diese Überzeugung verinnerlichen, um dadurch eine schöne Realitätsgestaltung zu erleben", dachte ich nun.

Zum Glück wurde mir mein Denkfehler sofort klar.

„Wozu möchte ich denn Realitätsgestaltung in den Griff bekommen?", fragte ich mich.

„Natürlich, damit ich dadurch glücklich werde!", beantwortete ich mir selbst.

„Damit mache ich ja mein Glück von der Realitätsgestaltung abhängig.", stellte ich entsetzt fest.

„ABER! Wenn ich nun dadurch mein Glück von der Realitätsgestaltung abhängig mache oder davon, dass meine Überzeugung auch wirklich wachsen muss, wird der Schuss definitiv nach hinten los gehen! Wenn ich also davon ausgehe, die Realität bewusst gestalten können zu müssen, um dadurch glücklich zu werden, werde ich Zwänge erleben, wie ich sie noch nie erlebt habe!", fuhr ich gedanklich fort.

„Ich habe noch niemanden erlebt, der über die bewusste Realitätsgestaltung glücklich geworden ist."

Mir wurde klar, dass um glücklich zu werden all dies nicht wichtig ist! Es ist einfach nur schön zu wissen, dass ich nun einen Automatismus verinnerlicht habe, welcher mich immer wieder zum Glück ausrichten wird.

Was muss ich denn jetzt noch tun, um diesen Prozess auch wirklich umzusetzen?

Nichts! Alleine die Erkenntnis lässt diese Überzeugung bereits ab jetzt wachsen.

Ein schöner Nebeneffekt war: Je mehr sich meine neue Überzeugung ausbreitete, umso mehr erledigten sich all die Überzeugungen, die einem glücklichen Leben bis dahin entgegenstanden, nacheinander wie von selbst, und mein Leben wurde immer schöner und schöner.

So erledigten sich meine ständig wiederkehrenden Krankheiten, meine Allergien, natürlich auch mein Ausgrenzungsthema, mein „Ich bin nicht liebenswert" und alle anderen Themen, die einem glücklichen Leben im Wege standen, denn all die schönen Ereignisse, die ich in den letzten Jahren erlebt hatte, waren natürlich Widerspiegelungen eben dieser Überzeugung.

Aber was war denn mit all den negativen Gedanken, die ich hatte? Pfeif drauf! Bei Sabine hatte ich anfangs ja auch alles falsch gemacht, was man nur falsch machen kann – sowohl weltlich betrachtet als auch aus der Sicht der Realitätsgestaltung. Ja und? Pfeif drauf! Da ich davon überzeugt bin, dass mein Leben immer schöner wird, erlebe ich das auch so. Ich bin einfach auf Glück programmiert.

Und was ist mit all den negativen Gedanken, die ich bereits vorher gedacht habe? Wenn du zum Beispiel davon überzeugt bist, dass alle negativen Gedanken im Kosmos oder anderweitig gespeichert werden und irgendwie auf deine Realität zurückwirken, na dann gute Nacht. Nein! Unsere Aufmerksamkeit bestimmt unsere Realität. Egal was ich früher dachte, heute ist meine Aufmerksamkeit auf Glück ausgerichtet. Und das genügt, um eben dies zu erleben!

Bewusste Wahrnehmung

Während dieses Prozesses wurde mir jedoch auch klar, dass man abgesehen von seinen Überzeugungen seine Wahrnehmung bewusst steuern kann.

Muss ich mich denn immer nur über Krankheiten, Tod und Teufel unterhalten?

Es steht mir doch frei, mit wem ich mich über was unterhalte. Wenn ich auf einer Party bei einer Gruppe stehe, die sich über die schlechten Menschen unterhält, gehe ich doch lieber zu der Gruppe, bei denen der letzte Urlaub auf dem Programm steht.

Muss ich meinen Radiowecker denn so programmieren, dass er mich morgens gleich mit den Nachrichten, also mit den Katastrophen weckt?

Und muss ich denn meinen Tag damit beginnen, mich zu fragen, was denn alles Schlimmes geschehen kann?

„Ich muss mich doch auf die Katastrophen vorbereiten!“, sagt uns hierzu unser Sicherheitsinstinkt.

„Was will mein Chef heute von mir?“ und viele solcher Fragen gehen uns ständig durch den Kopf. Damit wollen wir gewappnet sein. Doch damit gestalten wir uns ja genau die Realität, die wir vermeiden wollen.

Allein schon wenn ich mich ständig frage, was mir der Tag alles Schönes bringen kann, verändert sich meine Wahrnehmung und damit meine Realität ungemein. Ich suche immer mehr das Schöne und erlebe es natürlich auch. Je öfter ich diese Übung mache, umso schneller wird die innere Suchmaschine von „Suche alle Gefahren!“ auf „Suche alles Schöne!“ umprogrammiert. Dieser Vorgang dauert gerade einmal ein paar

Wochen, und dann ist es ein Selbstläufer, so wie es vorher ein Selbstläufer war, nach den Gefahren zu suchen.

Tja, und wenn dann einmal ein Unglück geschehen ist und ich anfange, mich in schlechte Gefühle zu steigern, frage ich mich ganz einfach:

„Kann mich dieses Ereignis wirklich davon abhalten, langfristig glücklich zu werden? Quatsch, denn auf dem Weg zum vollkommenen Glück bin ich ja eh!“

All dies ist nicht wichtig, denn unsere neue Überzeugung wächst ja sowieso, aber es beschleunigt den Prozess einfach ungemein.

Zu guter Letzt veränderte sich meine „äußere“ Realität zum Schönen, als ich meine Glücksgefühle und meine Liebe endlich zuließ.

Denn wenn ich die Liebe fühle und somit meine Aufmerksamkeit in diese Richtung lenke, erlebe ich dies natürlich auch im Außen.

Gefühle zulassen für Fortgeschrittene

Aber wie geht das denn genau, die Gefühle zuzulassen? Wo ist denn dafür der Schalter?

Das ist tatsächlich das einfachste von allem. Mir muss einfach nur klar sein, dass ich meine Gefühle selbst mache und dass ich jederzeit wieder zurück kann. Ansonsten ist die Angst einfach zu groß. Hierzu noch eine kleine Geschichte, die ich erlebte, nachdem ich meine Gefühle zum ersten Mal zugelassen hatte.

Ich war bereits mit Sabine zusammen, fühlte mich also liebenswert und konnte auch meine Gefühle und auch die Liebe zulassen. Doch durch irgendeinen Grund wurde ich mal wieder mit meiner Familie und dadurch mit meinen alten Themen konfrontiert – in diesem speziellen Fall mit meiner Oma.

Oma weckte in mir immer das Gefühl, dass sie mich mit Freude, Spaß und Genugtuung quälte. Auch hier ist natürlich wieder nicht wichtig, was sie in Wirklichkeit wollte und empfand, es ist einfach nur wichtig, was bei mir ankam. Diese Konfrontation riss doch tatsächlich noch einmal eine alte, tiefe Wunde auf. Ich projizierte dies natürlich direkt auf mein momentanes Leben. Ich bekam einfach wieder Angst, verletzt und verlassen zu werden. Ich sah in meiner „kranken" Fantasie Sabine mit unserer Freundin Angelika fröhlich davonziehen, und ich blieb allein zurück. Wieder allein, wie auf der Bank in der komisch riechenden Sporthalle von damals. Mir war der Nonsens natürlich bewusst, aber ich steigerte mich immer mehr hinein. Je mehr ich mich in dieses Drama steigerte, umso mehr Angst bekam ich. Ich führte dieses Spiel so lange fort, bis ich richtig trotzig wurde.

„Ich will das einfach nicht mehr!“, schrie ich innerlich.

„Jetzt ist Schluss mit dieser ewigen Scheiße!“

So entschied ich mich zu: „Alles, bloß nicht mehr dieses Spiel.“

Da mir aber mittlerweile vollkommen klar war, dass ich ja sowieso bei nächster Gelegenheit verlassen werden würde, entschied ich mich, keine Gefühle mehr zuzulassen. Ich hatte keine Gefühle mehr, dachte ich. Das war natürlich ein Trugschluss, aber dazu später mehr. Ich fühlte mich kalt, leer, emotionslos, unverletzlich und tot – aber ganz ruhig. Keine Angst mehr. Genau das, was ich wollte. Doch dann sah ich in den Spiegel, und was ich da sah, machte mir Angst. Ich sah dem Teufel direkt in die Augen. Ich hatte Augen wie ein Zombie – kalt, dunkel und einfach tot. Wollte ich das wirklich?

„Ja, immer noch besser, als wieder verlassen zu werden!“, rief eine innere Stimme.

Es war mir mittlerweile nicht nur klar, dass Sabine mich sowieso verlassen würde, es war mir sogar egal. Also, weiter keine Gefühle zu haben war gut. „Moment!“, dachte ich, „Ich habe doch gerade das Gefühl, keine Gefühle zu haben. Das ist doch auch ein Gefühl!“

Mir wurde klar, dass man ja immer Gefühle hat. „Somit ist das, was ich gerade erlebe, auch ein Gefühl. Ein Gefühl zu haben, dass man kein Gefühl hat, ist ja genau so schwachsinnig, wie zu werten, dass Werten schlecht ist.

Nun ja, wenn das so ist, dann überlege ich mal, welche Gefühle ich denn eigentlich haben möchte.“

Und schon waren sie wieder da, meine Glücksgefühle. Just in diesem Moment klingelte das Telefon. Angelika war besorgt um mich. Ich musste mich wohl in den letzten Tagen etwas komisch verhalten haben.

„Die mag mich ja!“, stellte ich voller Entsetzen fest. „Was für ein Programm habe ich mir denn da nur wieder reingezogen? Aber was ist denn mit Sabine?“, schoss mir in den Kopf. „Wenn sie mich jetzt noch liebt, verstehe ich die Welt nicht mehr.“ Ich hatte mich wohl in dieser merkwürdigen Phase meines Lebens nicht gerade liebenswert verhalten. Als wir uns dann abends sahen, wusste ich nicht, wo ich hinschauen sollte. Ich schämte mich und hatte Angst. Aber wenigstens spürte ich, dass ich ein Mensch war. Nur Sabine ließ sich wohl durch nichts beirren. Dieser Engel liebte mich einfach immer noch.

Ich habe ja immer Gefühle

Durch diese Erfahrung wurde mir klar, dass ich *immer* Gefühle habe. Keine Gefühle zu haben ist also eine Illusion. Da ich mir meine Gefühle natürlich selbst mache, kann ich ja frei entscheiden, welche ich erleben möchte. Und mir wurde auch klar, dass ich keine Angst haben muss, Liebe zuzulassen, denn ich kann immer wieder zurück. Wenn ich also wieder hassen möchte, kein Problem. Das nimmt mir den Druck weg, weil ich mich nicht mehr für die Ewigkeit entscheide. Also, ein bisschen Liebe zulassen und dann schnell wieder zurück – warum nicht? Nach einer Zeit wird mir das schon von selbst lächerlich vorkommen, und ich werde das Rad immer weniger zurückdrehen.

Je mehr ich in diesem Zustand bleibe, umso mehr wird aus dem Gefühl der Liebe die Daseinsform bedingungsloser Liebe. Wie war das noch mal mit der Daseinsform? Ein Gefühl kommt und geht, so wie zum Beispiel die Lust. Wenn meine Lust befriedigt ist, wird sie durch Zufriedenheit oder Euphorie ersetzt. Eine Daseinsform ist dagegen ein Dauerzustand. Man kann es auch Grundgefühl nennen. An dieser Stelle wurde mir noch etwas klar, das das Zulassen der Gefühle vereinfacht.

„Welche so genannten Gefühle kann ich denn eigentlich als Grundgefühl haben?", kam mir eines morgens in den Sinn.

„Liebe ist sowieso klar. Aber gibt es da nicht noch mehr? Na klar, Hass! Ich kann doch auch bedingungslos hassen. Es gibt doch einfach Leute, die ich nicht leiden kann, obwohl sie mir nichts getan haben“, wurde mir klar.

„Die können gerade Mal machen, was sie wollen, das sind und bleiben Idioten. Darf ich so denken?“ Ich bekam ein schlechtes Gewissen. „Natürlich nicht, aber ich empfinde einfach so.“

Dann kam mir ein Grundgefühl in den Sinn, dass mein ganzes Leben bis dahin beeinflusst hatte: „Ich habe keine Gefühle.“

Ich hatte ja nie wirklich einen „Panzer“. Diese Metapher machte es mir nur wahnsinnig schwer, Gefühle zuzulassen. Denn dadurch dachte ich, wenn ich diesen Panzer sprengen würde, würde mir mein Schutz fehlen. Außerdem dachte ich, es sei ein Prozess, ein schmerzvoller Prozess, so einen Panzer, den man über Jahre immer mehr verstärkt hat, abzulegen.

Wenn es aber einfach nur ein Grundgefühl ist, keine Gefühle zu haben, kann man dies doch einfach durch das Grundgefühl „Ich lebe meine Gefühle“ ersetzen. Es kann ja gar nichts geschehen, ich gebe ja gar nichts auf. Ich tausche doch nur ein Gefühl durch das andere. Das kann man ja erst einmal ausprobieren. Ich kann ja mein Grundgefühl belassen, wie es ist, aber bei einer Person lasse ich dann einfach mal andere Gefühle zu. Ich suche mir jemanden aus, von dem ich weiß, dass er mir nichts antun wird, und lasse einfach meine Gefühle, die ich zu ihm habe, zu. Je mehr Erfahrung ich damit mache, umso mehr wird dieses Gefühl zu einem Zustand, zu eben dieser Daseinsform.

„Kann man aber denn nicht wieder rückfällig werden?“, meldete sich mein Zweifel.

„Natürlich fällt man gerne in alte Verhaltensmuster zurück. Aber in dem Moment, in dem man dieses Spiel bemerkt, kann man es ja nicht mehr in dieser Form weiterspielen. Klar wäre es schön, du würdest erst gar nicht mit dem Ablehnungsspiel anfangen. Aber du wirst es immer öfter unterbrechen, weil es dir doch immer bewusster wird. Und das ist doch wahnsinnig schön. Gib’ dir ein bisschen Zeit und nimm genau das immer mehr wahr, und es wird sich wie von selbst in Luft auflösen. Du hast es doch gerade mal wieder geschafft, dich in so ein hirnverbranntes Gedankenkarussell zu begeben. Zum Schluss war dir doch fast klar, dass du bald einsam und allein, verlassen von allen lieben Menschen, verlassen von Sabine, von Bodo und sogar deiner Tochter Carolin dahinvegetieren würdest. Aber früher hätte dich so ein Gedankenwirrwarr Wochen gekostet, diesmal waren es eineinhalb Tage. Früher war das fast ein Dauerzustand, heute fällst du halt mal kurz dahin zurück. Wenn einem doch klar ist, was man sich da antut, lässt man es immer öfter einfach bleiben bzw. man unterbricht es einfach. Also ärgere dich nicht, wenn du nicht gleich auf 100 % bist, sieh es als einen Wachstumsprozess.“

Warum einfach, wenn es auch kompliziert geht?

Es ist also wirklich so einfach, andauernd Glücksgefühle zu erleben.

Trotzdem erlebe ich immer wieder, dass sich Menschen in der Realitätsgestaltung verstricken. Sie vergessen, was sie wirklich wollen. Sie „gestalten“ sich dies und „kreieren“ sich jenes und vergessen dabei, dass sie doch eigentlich nur Glücksgefühle erleben wollen. So richtig anschaulich ist mir das bei einem Gespräch mit Sabine aufgefallen.

Wir unterhielten uns über Geld. Denn Sabine hatte aus meiner Sicht gesehen eine komische Einstellung dazu. Irgendwie hatte sie nie so richtig Geld, bekam aber immer was sie wollte.

„Was hast du denn eigentlich für ein Problem mit Geld?“, wollte ich wissen, denn wer nicht viel Geld übrig hat, muss ja schließlich ein Problem damit haben.

„Wie meinst du denn das? Was für ein Problem?“, kam als Gegenfrage.

„Welche Einstellung hast du denn eigentlich zum Geld?“ Jetzt hab‘ ich sie – darauf muss sie antworten.

„Keine“, antwortete sie gelassen.

Na klasse, auch 'ne Antwort.

„Und wie bekommst du dann das, was du haben möchtest?"

Bei dieser Frage ging mir ein Licht auf. Sie hatte die richtige Einstellung zu ihren Wünschen. Ich wünschte mir Geld. Aber Geld ist ja zu nichts zu gebrauchen. Es ist halt ein gutes Tauschmittel, aber sonst nichts. Sabine wünschte sich eben einen Apfel, wenn sie Hunger hatte, und eben nicht Geld, um sich einen Apfel zu kaufen. Sie kannte eben einfach noch ihre Wünsche. Wir neigen oft dazu, uns die „Vorstufen" oder Hilfsmittel zu wünschen und unseren eigentlichen Wunsch dabei völlig zu vergessen. Niemand braucht einen Bohrer – man braucht das Loch.

„Aber wie sieht es denn mit unserem größten Wunsch aus?", dachte ich laut. „Was wünschen sich denn die meisten Menschen?"

„Sie wollen Schönes erleben", sagte Sabine.

„Hierzu wird dann Schöpfer gespielt und bis zum Umfallen kreiert", wurde mir klar.

„Da werden Parkplätze manifestiert, Partner gewünscht, Autos und Häuser kreiert, aber das Entscheidendste wird dabei einfach vergessen:
Ich will Glücksgefühle erleben!"

Was sind Glücksgefühle?

„Will ich denn wirklich nur noch Glücksgefühle erleben?“

„Ich will doch nicht nur noch euphorisch durch die Gegend laufen. Was ist denn, wenn jemand stirbt? Ich will doch nicht auf Gräbern tanzen! Ich möchte auch nicht rücksichtslos oder arrogant werden!“

Diese und ähnliche Fragen stellen sich natürlich sofort, wenn man zum ersten Mal damit konfrontiert wird, dass man sehr einfach nur noch glücklich sein könnte.

Ich möchte natürlich nicht in jeder Situation euphorisch sein! Ich möchte für jede Situation die „angemessenen“ Glücksgefühle haben. Also die Glücksgefühle, die der momentanen Situation entsprechen.

Was bedeutet das aber genau?

Gehen wir doch einfach einmal ein paar Beispiele durch:

Welche Gefühle wären angemessen, wenn ich ein Seminar gebe?

Angst? Angst zu versagen? Sicher nicht! Diese Angst würde mich doch lähmen.

Verbundenheit? Mich mit den Teilnehmern verbunden fühlen? Oh ja! Das ist ein schönes Gefühl. Damit bin ich zum einen glücklich, und zum anderen gibt das sogar noch eine gute Stimmung für das Seminar. Wenn sich die Teilnehmer dadurch auch mit mir verbunden fühlen, sind sie aufnahmefähiger.

Verliebtheit? Oh nein, es wäre nun wirklich nicht angebracht, mich jetzt zu verlieben. Das erlebe ich lieber mit Sabine.

Genuss? Sollte ich das Seminar genießen? Na klar. Es soll mir sogar richtig Spaß machen! Das ist für mich natürlich wieder ein schönes Gefühl, und ich strahle damit auch wieder Freude aus.

Lust? Auch das ist ein geniales Gefühl in dieser Situation. Lust, mit den Teilnehmern gemeinsam den Weg zum Glück herauszufinden.

Nun haben wir also herausgefunden, dass Verbundenheit, Freude und Lust für diese Situation am angebrachtesten wären. Damit wäre ich unmittelbar an meinem Ziel, Glücksgefühle erleben zu wollen, angekommen, hätte aber auch noch die bestmögliche Ausstrahlung, Kreativität, Realitätsgestaltung und Energie, um das Seminar erfolgreich durchzuführen.

Ach ja, und damit lebe ich natürlich in erster Linie das Glück vor und kann auf diese Art und Weise andere mitreißen.

Welche Gefühle sind denn angebracht, wenn mein Kind erkrankt?

Angst? Helfe ich denn mit Angst? Fühlt sich meine Tochter denn geborgen und beschützt, wenn ich Angst habe? Natürlich nicht!

Liebe? Na, das wäre doch etwas Schönes. Klar, Liebe bedeutet Glück. Ach, und wenn die Kleine sich geliebt fühlt, tut ihr das sicher auch gut.

Euphorie? Sicher nicht!

Genuss? Kann ich genießen, dass mein Kind krank ist? Nein. Aber, wenn man gemeinsam kuschelt, ist das doch schön – oder? Das kann ich genießen. Ups, das ist ja schon wieder ein Glücksgefühl.

Lust? Auf was kann man denn mit einem kranken, nörgelnden Kind Lust haben? Lust zu helfen? Na klar.

Zuversicht? Das wird schon wieder. Wenn ich das wirklich fühlen kann, geht es mir natürlich besser, aber ich strahle das auch für das Kind aus.

Oh, das geht ja wirklich. Mein Kind ist krank und ich bin glücklich. Damit bin ich aber nicht rücksichtslos! Nein, denn mit diesen Gefühlen kann ich ja viel besser helfen als wenn es mir dabei auch noch schlecht geht!

Und auch hier darf man das Vorleben nicht vergessen. Wenn ich meinem Kind vorlebe, wie es geht, glücklich zu sein, wird es das nachmachen. Auch kein schlechter „Nebeneffekt“, oder? Aber was ist denn, wenn jemand stirbt?

Wut? Warum hast du mich verlassen? Das kann's ja nicht wirklich sein!

Nein, ich möchte in einer solchen Situation die Liebe zu diesem Menschen, aber auch die Trauer spüren. Die Trauer wäre in einem solchen Fall ein „Glücksgefühl“ für mich, da sie mir den Abschied erleichtert.

Egal welche Situation ich mir anschaue, Angst, Wut, Hass und Depression sind zum einen „schlechte“ Gefühle für mich, zum anderen lähmen sie mich bei dem, was ich tun möchte.

- Verbundenheit mit all ihren Facetten wie Sympathie, Verliebtheit, Liebe etc.,

- Genuss in seiner Vielfalt

- und die Lust oder auch Vorfreude oder Neugierde oder positive Erwartung

sind zum einen schöne Gefühle, unterstützen mich aber auch bei meinen Handlungen. Denn wenn ich in diesen Gefühlen bin, habe ich eine bessere Ausstrahlung, bin kreativer, habe

„automatisch" eine schöne Realitätsgestaltung, mein Immunsystem arbeitet besser usw.

Das bedeutet ja, dass ich mit den „angemessenen" Glücksgefühlen ständig glücklich bin und damit meine Ziele auch noch viel sicherer erreichen kann.

Glücksgefühle steigern bis zum Abwinken

Natürlich helfen mir gewisse Situationen, glücklich zu sein, und andere machen es schwer, aber mein eigentliches Ziel sind Glücksgefühle.

Wie entstehen Gefühle?

„Aber wie entstehen denn eigentlich Gefühle? Wie kann ich denn unabhängig von den Situationen Glücksgefühle erleben?“, fragte Sabine.

„Wenn du eine Situation erlebst, bewertest du – und nur du allein – diese für dich. Ich würde dieselbe Situation sicher ganz anders bewerten. Wenn zum Beispiel jemand zur Tür hereinkäme und sagen würde: „Du bist ein Idiot!“, welches Gefühl würde in dir geweckt? Hass, Wut, Machtlosigkeit? In mir würde dies mein Mitgefühl wecken. Ja, der muss doch wirklich ein riesiges Problem haben, wenn er mich für einen Idioten hält“, sagte ich halb ironisch.

„Wie du siehst, ist es nicht die Situation, die dein Gefühl macht – du bist es, die eine Situation nutzt, um ein Gefühl zu machen.

Wenn ich mir einen Sonnenaufgang anschaue, kann ich diesen so genießen, dass mir vor Glück die Tränen kommen, oder ich kann mich in das Gefühl „Schade dass jetzt Sabine nicht hier ist!" hineinsteigern.

Es ist meine Entscheidung, welches Gefühl ich wähle. Wenn ich dich anschaue, kann ich mir die unterschiedlichsten Gefühle reinziehen: Liebe, Verbundenheit, Zufriedenheit, aber auch Angst, dich zu verlieren", fuhr ich fort. „Ich kann mich in derselben Situation in fast jedes Gefühl hineinsteigern."

„Was, wie – Angst mich zu verlieren, weil du mich anschaust? Wie geht das denn?", wollte Sabine wissen.

„Zunächst ist dies eine ganz neutrale Situation. Eine Frau liegt neben mir im Bett. Okay, nicht ganz neutral, ich geb's ja zu. Ich betrachte mir die Situation oder in diesem Fall dich. Dann fange ich schon an zu werten. Boah, ist meine Sabine schön! Und dann kann ich in das Gefühl gehen: Und die ist mit mir zusammen!

Oder ich kann in das Gefühl abdriften: Boah, ist die schön. Und ich? Da kann ich hässlicher Vogel doch gar nicht mithalten. Irgendwann genüge ich ihr ja nicht mehr", erklärte ich. „Und dann steigere ich mich da so richtig rein. Ich traue mich gar nicht so recht, es dir zu sagen, aber in einer solchen Nacht bin ich schon mal aufgestanden und wollte packen. Ich hatte mich da so hineingesteigert, dass mir vollkommen klar war, dass du mich bald verlassen würdest. Da wollte ich lieber gleich selbst gehen.

Und das alles nur, weil du für mich die Schönste bist. Ist doch ein echtes Argument, oder?"

Sabine sah mich fassungslos an.

„Was sich Männer so alles einfallen lassen, nur um zu leiden!", muss sie sich gedacht haben.

Aber dann kam sie wieder zur Besinnung und wollte es jetzt genau wissen:

Wie steigert man sich in seine Gefühle hinein?

„Wie aber funktioniert das denn mit dem Reinsteigern?"

„Ich erkläre es dir mal anhand von Bungeejumping.

Es gibt Leute, die zahlen einen Haufen Geld dafür, gehen nach vorne und springen sofort. Das ist doch rausgeschmissenes Geld! Die hatten ja gar keine richtige Angst.

Ich habe das gaaaanz anders gemacht:

Ich ging langsam an das Brückengeländer. Davor stand ein alter Küchenstuhl. Der Instruktor gab mir seine Hand. Ich stieg auf den Stuhl.

„Neeee, vergiss es! Das ist ja richtig hoch!“, sagte ich etwas aufgeregt.

„Komm, das schaffst du“, beruhigte mich der Instruktor.

„Guck doch mal, wie hoch das ist!“ Die ersten Schweißtropfen standen auf meiner Stirn.

„Steig doch erst mal auf das Geländer“, sagte mein Instruktor mit ruhiger Stimme.

„Und das Seil ist viel zu lang!“, wurde mir klar, als ich nach unten sah.

„Und viel zu dünn!“, dachte ich laut, als ich es mir genauer ansah.

„Das hält!“, sagte der Instruktor mit nicht mehr ganz beruhigender Stimme.

„Okay, ich steige mal auf das Geländer.“

„Aber das ist ja nur zehn Zentimeter breit, da habe ich ja gar keinen Halt!“, sagte ich panisch.

„Ich halte dich fest!“, wollte mich der Instruktor mit genervter Stimme beruhigen.

„Boah, ist das hoch!“, schrie ich entsetzt.

„Nur 47 Meter“, sagte er gelangweilt.

„Scheißeeeeeeeeeee!!!“

„Okay, ich zähle jetzt rückwärts, und bei 'Los' springst du!", sagte mein treuer Freund energisch.

„Drei ..."

„Boah, das schaffe ich nie!"

„Zwei ..."

„Vergiss es!"

„Eins ..."

„Warum hilft mir denn niemand?"

„GOOOOOOOOO!!!", schrie er markerschütternd.

„Du hast nicht 'Los' gesagt, und wir hatten uns auf 'Los' geeinigt", sagte ich weinerlich.

„Noch mal."

„Drei, zwei, eins, los!"

Tja, bis zu diesem Moment hatte ich mich so in meine Angst hineingesteigert, dass ich ohnmächtig wurde. Zum Glück fiel ich dann nach vorne und konnte jedem erzählen, dass ich gesprungen sei und dass das Ganze nur ein Klacks für mich gewesen sei.

Mit dieser Methode kann ich mich in jedes Gefühl hineinsteigern.

Ich sehe mir etwas an und bekomme ein Gefühl dazu. Wenn ich dies dann ständig wiederhole, am besten im Sekundentakt, steigert sich dies ins Unermessliche", erklärte ich.

Dabei wurde mir aber selbst noch einmal klar, wie das mit dem Verlieben funktionierte.

Ich sehe Sabine an und finde sie schön. Mensch, ist die schön – die ist ja sooooo schön – guck doch mal, wie schön sie ist – und so schöne Augen – und wie lieb sie ist – sooo lieb – und ...

In ca. zehn Sekunden bin ich wieder so verliebt, dass mir die Tränen kommen.

Blöderweise mache ich so aber auch meine Angst: „Boah, ist meine Sabine schön – und ich? – ich bin hässlich – was will die denn schon von mir? – die findet bestimmt einen Besseren ...

Tja, so geht das also, sich in Gefühle hineinzusteigern. Das bedeutet doch, ich kann zu jedem Zeitpunkt eine Glücksekstase erleben. Da brauche ich ja eigentlich niemanden dazu. Ich setze mich vor einen Baum und finde ihn schön. Ich nehme jede Facette wahr. Ich finde immer mehr Schönes an ihm ...

„Das bedeutet doch, dass ich wirklich unabhängig von allem meine Glücksgefühle erleben kann. Ich könnte doch jetzt die Augen schließen und mich sinnlos in eine Euphorie steigern", wollte Sabine jetzt wissen.

„Na, jetzt willst du es aber genau wissen. Ja klar geht das. Komm, lass es uns doch einfach mal versuchen“, schlug ich vor.

Wir legten uns in unser Bett, schlossen die Augen, und keine zwanzig Sekunden später liefen mir schon die Freudentränen.

„Wahnsinn – wenn ich doch in der Lage bin, mir jederzeit meine Gefühle selbst zu machen, bin ich ja vollkommen unabhängig vom Außen!“, war uns jetzt klar.

„Wenn ich mir über diese Macht im Klaren bin, wie soll mich denn da noch mal jemand verletzen? Wieso soll ich mir denn jetzt noch eine Angst reinziehen? Wieso sollte ich mir denn jetzt noch unschöne Gefühle machen?“, fragte ich mich selbst.

„Brauche ich denn überhaupt noch jemanden? Was ist denn jetzt mit der Realitätsgestaltung? Was ist denn jetzt mit meiner Realität an sich?“, dachte ich weiter.

„Glücklich bin ich ja ab jetzt sowieso. Aber alles was jetzt noch kommt, ist eine Bereicherung!

Ich brauche Sabine nicht zum Glücklichsein. Aber es ist wunderschön, mein Glück mit ihr teilen zu dürfen!“

Mit dieser Erkenntnis war der ganze Druck aus der Realitätsgestaltung genommen. Es war mir nicht mehr wichtig, ob das alles überhaupt funktionierte! Hauptsache, ich hatte meine Glücksgefühle.

Genau das ist das „Loslassen“, von dem alle sprechen.

„Du musst loslassen“ nutzt mir nichts, wenn ich mein Glück davon abhängig mache.

„Wenn es mir aber nicht mehr wichtig ist, da ich meine schönen Gefühle ja sowieso jederzeit haben kann, sehe ich alles andere noch als Bereicherung, als willkommenes Geschenk“, war meine letzte Erkenntnis.

Erzieherische Ablehnung

Und trotzdem tappte ich an dieser Stelle noch einmal in eine Falle:

Mittlerweile gab es in meinem Leben eigentlich nichts mehr, was mich am vollkommenen Glück hätte hindern können. In meinem Leben hatten sich mittlerweile auch die äußeren Umstände so entwickelt, dass alles nur noch genial war – bis auf eine Kleinigkeit. Es war vielleicht 1 Prozent nicht so schön und 99 Prozent waren genial.

Jetzt schaffte ich es immer wieder, mich deswegen runterzuziehen. Wahnsinn, ich schaute auf das eine Prozent, sah nichts anderes mehr und erlebte genau dies dann als das ganze Leben. Es gab nichts Schönes mehr. Ich hatte nur noch schlechte Gefühle. Wäre jemand in meine Beratung gekommen und hätte gesagt: „Ich habe Krebs, mein Mann hat mich verlassen, und der Gerichtsvollzieher steht vor meiner Tür", hätte ich gedacht: „Was stellt die sich so an, die sollte mal meine Probleme haben!"

So langsam wurde aber auch mir klar, dass ich mich da in etwas hineingesteigert hatte. Also dachte ich, dann schaue ich doch ab jetzt auf die 99 Prozent schönes Leben und bin einfach glücklich. Was jetzt geschah, erschreckte mich total:

Ich will aber nicht!

„Ich will überhaupt nicht glücklich sein!“, schrie mein Unterbewusstsein trotzig.

„Was? Natürlich will ich glücklich sein!“, wollte ich mir vom Verstand her klar machen.

„Aber dann vergesse ich ja, dass ich ein Problem habe!“, meldete sich mein innerer Teufel.

„Ja und? Umso besser!“, war doch logisch.

„Aber dann ändert sich doch nichts!“, trotzte mein Inneres weiter.

„Wenn ich doch glücklich bin, ist es doch egal!“, wurde ich selbst ungeduldig mit mir.

„Nein, ist es nicht, ich will doch, dass sich Sabine ändert, denn schließlich macht sie das doch falsch, also ist sie doch schuld, und damit ist es doch verdammt noch mal ihr Job, sich zu ändern!“, musste ich mir anhören.

Und welche Methode wendete mein Unterbewusstsein wohl an, um sie zu ändern? Na klar, die altbewährte: erzieherische Ablehnung! Ich machte mir also die schlechtesten Gefühle, damit Sabine auch wirklich einen Grund hatte, sich zu ändern. Von Wut bis hin zu Verzweiflung hatte ich alles im Programm. Und ich war ja soooo verletzt.

„Sieh doch, wie ich deinetwegen leiden muss!“, strahlte ich aus.

Ich stellte sogar unsere Beziehung in Frage. Also das komplette Programm. Und das nur, weil ich dachte, ich sei im Recht und deswegen müsse sie sich ändern.

Tja, aber wer hatte denn schlechte Gefühle? Doch eindeutig ich! Und zwar mittlerweile den ganzen Tag und nachts auch, denn da lag ich ja wach im Bett, damit Sabine auch merkte, wie schlimm das alles war und sie endlich *ihr* Problem anging.

Als mir das alles klar wurde, schämte ich mich erst einmal – denn das hatte mit bedingungsloser Liebe ja nun wirklich nichts zu tun. Und außerdem dachte ich, ich sei der Einzige im gesamten Universum, der so schräg drauf war. Da hat man endlich eine Methode, mit der man ständig glücklich sein kann, und was mache ich?

Aber dann schaute ich mich ein wenig um und stellte fest: Das machten ja fast alle so!

Es kam zum Beispiel eine Frau wegen eines Problems mit ihrer Kollegin in meine Beratung:

„Okay, dann machen wir eine Technik, mit der du ab morgen nur noch Glücksgefühle haben wirst“, sagte ich zu ihr.

„Aber wird sie sich denn dann noch ändern?“, fragte sie zweifelnd.

„Ist doch völlig egal, die Hauptsache ist doch, dass du glücklich bist, oder?“, antwortete ich.

„Nein, das will ich aber nicht, ich will, dass sie sich gefälligst ändert!“, war ihr trotziger Kommentar.

Und das Spiel ging genauso weiter wie meines. Bloß nicht glücklich werden, ich könnte ja mein Problem vergessen. Aber warum möchte ich denn, dass sich die anderen so verhalten wie ich es für richtig halte? Weil ich Glücksgefühle haben möchte!

Also, ich mache mir mal wieder schlechte Gefühle, damit ich schöne Gefühle bekommen kann.

„Okay, okay, ich hör‘ ja schon auf“, gestand ich mir jetzt zu. Das mit der erzieherischen Ablehnung war einfach nicht die richtige Methode, auch nicht, wenn ich mich hier wirklich im Recht fühlte.

„Dann mache ich mir jetzt halt einfach wieder meine Glücksgefühle“, folgerte ich.

Immer wenn ein schlechtes Gefühl in mir hochkam, war mir sofort klar, dass ich dies ja nur machte, weil ich eigentlich schöne Gefühle haben wollte. Und da ich meine Gefühle ja sowieso selbst machte, konnte ich mir ja aussuchen, welches ich nun haben wollte.

„Kann ich das wirklich jederzeit?“, zweifelte ich ein letztes Mal.

Ich legte mich in mein Bett und machte in Sekundenschnelle sämtliche Gefühle, die mir gerade einfielen: Hunger, Durst, Verliebtheit, Verbundenheit, Angst, Wut, Zufriedenheit, Euphorie und was nicht sonst noch alles. Einfach so, ohne irgendeinen äußeren Impuls.

Ich hatte in fünf Sekunden Hunger, dass mir das Wasser im Mund zusammenlief. Ich war in zehn Sekunden so verliebt, dass mir die Tränen liefen. Jedes Gefühl war sofort abrufbereit, und ich konnte mich in jedes Gefühl vollkommen hineinsteigern.

Das gab mir plötzlich nicht nur das Gefühl, sondern die Gewissheit, den Daseinszustand:

ICH MACHE MEINE GEFÜHLE ZU JEDER ZEIT SELBST!

Umsetzung

An dieser Stelle hatte ich nun eine Grundsatzentscheidung getroffen:

Die Grundsatzentscheidung, dass es viel sinnvoller war, glücklich zu sein, als sich „künstlich" unglücklich zu machen!

Damit diese Grundsatzentscheidung so schnell wie möglich von meinem Unterbewusstsein in jedem Lebensbereich übernommen wurde, unterstützte ich diesen Prozess mit folgenden „Übungen":

Richte deine Wahrnehmung so oft wie möglich auf die schönen Dinge, die das Leben bietet. Das bedeutet, dass du dich mit den Dingen, die du noch als unschön bewertest, so wenig wie möglich auseinandersetzt. So wenig wie möglich heißt eben nicht ignorieren! Das heißt lediglich, dass ich mir wegen fünf Minuten Arbeit fünf Stunden schlechte Gefühle machen kann – ich kann's aber auch lassen!

Als Nächstes überdenke deine bisherigen Wertungen. An den Beispielen in der Geschichte konntest du feststellen, dass man jede Situation unterschiedlich bewerten kann. Wenn du also einmal wieder in eine Situation gerätst, in der du dich bis jetzt für ein schlechtes Gefühl entschieden hast, frage dich doch, welches Gefühl du dir mit dieser Situation noch machen könntest. Ich konnte vor kurzem meine Arbeit nicht mehr bewältigen. Panik kam in mir hoch. Doch dann fragte ich mich, welches Gefühl ich mir aus dieser Situation denn noch machen könnte: Zufriedenheit! „Mensch, bin ich erfolgreich! Ich bin so erfolgreich, dass ich nicht mal mehr meine Arbeit bewältigen kann. Hätte mir jemand vorausgesagt, dass ich mit meinem Job als Berater einmal so viel zu tun haben würde ..."

Tja, und was glaubst du, mit welchem Gefühl ich besser arbeiten konnte? Mit Panik oder mit meiner Zufriedenheit? Ich bekam förmlich einen Energiestoß!

Immer wenn ein Problem auftaucht, also eine Situation, die du momentan als Problem bewertest, stelle dir folgende Fragen:

- Warum mache ich mir deswegen ein schlechtes Gefühl?
- Ist das sinnvoll?
- Was ist sinnvoller?

Die Antworten werden sich wiederholen:

Zum Beispiel verhält sich meine Partnerin nicht so wie ich es für richtig halte.

Warum mache ich mir ein schlechtes Gefühl?

Weil ich sie manipulieren will. Sie soll sich so verhalten wie ich es für richtig halte. Es steht mir doch zu, dass sie sich richtig verhält!

Ist das sinnvoll?

Ist es denn wirklich sinnvoll, mir deswegen schlechte Gefühle zu machen? Ist es wirklich sinnvoll, sie damit manipulieren zu wollen?

Nein, ist es nicht. Ich will ja glücklich sein. Also macht es doch keinen Sinn, mich künstlich unglücklich zu machen, um sie so zu manipulieren, dass ich dann glücklich werden kann.

Und wenn ich mir die Realitätsgestaltung anschaue, macht es noch viel weniger Sinn, mich unglücklich zu machen.

Ja, selbst rein weltlich betrachtet löse ich meine Probleme doch immer viel leichter, wenn es mir gut geht! Da habe ich doch viel mehr Energie!

Okay, diese Methode ist also nicht sinnvoll!

Was ist sinnvoller?

Es ist viel sinnvoller, glücklich zu bleiben. Damit habe ich mein oberstes Ziel ja schon erreicht – nämlich glücklich sein.

So werde ich natürlich auch eine viel schönere Realität erleben.

Und mit dieser Energie ist mein Problem ja gar kein Problem mehr, sondern nur noch eine Aufgabe, die ich jetzt lösen werde (wenn es sich nicht durch die Realitätsgestaltung schon von ganz allein löst).

Hey, es ist viel sinnvoller, glücklich zu sein!

Wenn du diese Übung möglichst oft wiederholst, wird dein Unterbewusstsein dieses Muster übernehmen und Glücklichsein als die beste Methode definieren.

Wiederhole also diese Fragen mit dem jeweiligen Problem so oft, bis du dieses Problem nicht mehr als solches erkennst.

Mache dies dann mit allen Problemen, die dir gerade einfallen, und das Ganze wird zu einem Selbstläufer.

Mit diesen Übungen schaffte ich es tatsächlich, mein Leben auf Glück umzuprogrammieren.

Der Herdplatteneffekt

Nun hatte ich also endlich meine Lösung gefunden, mit der ich nicht nur mein Leben auf Glück ausgerichtet hatte, sondern auch eine Methode, mit der ich viele Menschen unterstützen konnte, auch glücklich zu werden. Diese Methode war sehr einfach, benötigte jedoch ein wenig Zeit und Übung.

So kam es, dass ich eines Tages während einer Autofahrt zu Sabine sagte:

„Unsere Methode baut ja darauf auf, dass man immer mehr Erfahrung sammelt und sich dadurch das Unterbewusstsein immer mehr umstellt."

„Ja klar, so lernt doch auch das Unterbewusstsein", antwortete Sabine.

„Aber was ist mit dem Kind, das auf die heiße Herdplatte gegriffen hat? Es muss das doch auch nicht wiederholen! Diese Erfahrung genügt für den Rest des Lebens!", widersprach ich.

„Aber was willst du damit sagen?", wunderte sich Sabine.

„Ich suche den Herdplatteneffekt!", antwortete ich energisch. „Ich will meine Klienten in einen emotionalen Zustand versetzen, dass sie meine Glücksmethode direkt und ein für alle Mal umsetzen!"

„Wie willst du denn das schon wieder anstellen?“, verdrehte Sabine die Augen.

Nun war mein Forscherdrang mal wieder voll aktiviert.

Ein wenig Theorie

Wie funktioniert das mit den Glücksgefühlen denn genau? Ich musste herausfinden, was sich in unserem Kopf so alles abspielt.

Wir haben vier Gefühlszentren in unserem Hirn:

Als Erstes das Angstzentrum.

Hier entstehen sämtliche „negativen“ Gefühle wie die Angst, aber auch die Wut, Zorn, Depression, Niedergeschlagenheit, Hoffnungslosigkeit etc. Hm, so viel zur Theorie, aber was hatte Wut denn mit Angst zu tun? Um das herauszufinden, hinterfragte ich bei jedem, der ein schlechtes Gefühl hatte, die Ursache. Ich fragte einfach: „Was ist denn schlimm daran?“ und wiederholte diese Frage so lange, bis ich auf die Ursache kam.

Jasmin wurde von einer Kollegin abgelehnt und war aufgrund dessen niedergeschlagen.

„Was ist denn schlimm daran, dass du abgelehnt wirst?“, fragte ich.

„Na, diejenige ist doch böse zu mir“, kam die etwas kindliche Antwort.

„Und was ist daran schlimm?“, fuhr ich fort.

„Damit kann er doch noch andere gegen mich aufhetzen“, sagte sie ängstlich.

„Was ist daran schlimm?“, fragte ich monoton.

„Dann sind ja alle böse zu mir“, entgegnete Jasmin.

„Und was ist daran schlimm?“, erwiderte ich.

„Dann werde ich doch einsam!“, kam nun von ihr.

„Was ist daran schlimm?“

„Dann sterbe ich doch!!!“

Tatsächlich! Hinter der Niedergeschlagenheit steckte tatsächlich eine Todesangst! Unglaublich aber wahr.

Dass es natürlich völliger Blödsinn ist, dass man sterben soll, nur weil eine Kollegin zickt, ist ja sofort klar.

Und dann war da noch Klaus, der gerade von seiner Freundin verlassen worden war.

„Was ist denn schlimm daran?“, fragte ich den armen Kerl.

„Was daran schlimm ist? Das ist einfach schlimm!“, antwortete er wütend.

„Aber was ist denn daran so schlimm?“, fuhr ich penetrant fort.

„Sie fehlt mir doch so“, jammerte er.

„Was ist daran schlimm?“, musste ich weiter bohren.

„Ohne sie kann ich nicht glücklich sein!“, wusste er.

Er hatte Angst, nie mehr glücklich sein zu können.

Bei allen Befragungen dieser Art kamen immer nur zwei Ursachen für die schlechten Gefühle heraus:

Todesangst oder Angst, nicht mehr glücklich sein zu können.

Dann ist es wohl tatsächlich so, dass wir nur ein einziges Gefühlszentrum für die schlechten Gefühle haben – das Angstzentrum.

Dann haben wir also noch drei Gefühlszentren, die für unsere Glücksgefühle zuständig sind:

Das Verbundenheitszentrum, das Genusszentrum und das Lustzentrum.

Schon jedes einzelne für sich betrachtet kann eine Menge unterschiedlicher Gefühle erzeugen. Aber alle drei gemeinsam sind für mich wie die drei Grundfarben. Die gesamte

Farbenvielfalt, die wir erleben dürfen, entsteht aus diesen drei Farben. Welche Vielfalt wir aus unseren drei Glückszentren fühlen können, wird somit klar. Das sieht also nicht so aus, als könnte das je langweilig werden.

„Das bedeutet doch, wenn ich keine Todesangst habe und auch keine Angst habe, dass mein Glück in Gefahr gerät, bin ich glücklich. So einfach ist das?", schoss mir durch den Sinn.

„Man kann es ja mal versuchen", dachte ich.

Mir war klar, dass mein Unterbewusstsein eine reine Exekutive ist. Es führt nur aus. Wenn es etwas als bedrohlich erkennt, macht es mir das Gefühl der Angst. Doch warum betrachte ich etwas als bedrohlich? Das können Kindheitsmuster oder auch spätere Erfahrungen sein. Aber wie kann ich denn mein Unterbewusstsein umprogrammieren? Affirmationen funktionieren ja meistens nicht.

„Ich muss etwas fünf Mal wiederholen. Dann ist es im Unterbewusstsein!", sagte mir Bodo dazu.

„Aber wenn ich affirmiere, sage ich es doch viel öfter, und es klappt doch nicht", hatte ich ihn ertappt.

„Doch!", fuhr er fort. „Es gehen aber nicht die Worte ins Unterbewusstsein, denn unser Unterbewusstsein kennt keine Worte. Es wird das umgesetzt, was wir dabei fühlen."

„Ach so!“, wurde mir klar. „Wenn ich mir also ständig sage, dass ich glücklich bin, aber das Gefühl dazu habe, dass dies ja nun wirklich nicht stimmt, aktiviere ich nur noch mehr meinen Zweifel.“

„Stimmt genau“, stimmte mir Bodo zu.

Somit war mir klar, dass ich, wenn ich etwas vom Kopf her verstanden und als zweifelsfrei richtig bewertet habe und dies dann fünf Mal wiederhole, mein Unterbewusstsein umprogrammiert habe.

Nun gut, das musste ich natürlich gleich ausprobieren.

So trat Joachim in mein Leben. Joachim war stinksauer, weil seine Frau ihm gesagt hatte, sie würde schnell Zigaretten besorgen. Erst nach drei Stunden war sie wiedergekommen. Okay, das war sicher wirklich nicht die feine englische Art, aber die Show, die er da hinlegte, war doch deutlich überzogen.

„Warum besteht denn deswegen keine Gefahr für dein Überleben?“, fragte ich ihn.

Ich konnte mir zwar nicht vorstellen, dass er deswegen sein Leben in Gefahr sah, da es aber nur zwei Grundängste gibt, wollte ich ihn einfach gleich von beiden befreien. Durch diese Art der Fragestellung suchte sein Unterbewusstsein gleich nach der Begründung, warum es wirklich nicht in Gefahr ist.

„Wieso soll mein Leben denn in Gefahr sein? Natürlich ist es das nicht“, antwortete er verwundert.

„Bist du sicher?“, machte ich weiter.

„Klar“, kam sofort zurück.

„Und warum ist das so?“, wollte ich nun wissen.

„Na, weil ich deswegen doch nicht sterben kann!“, sagte er plötzlich entspannt.

„Ich werde nicht verhungern, erfrieren oder verdursten!“, fuhr er fort.

„Wie geht's dir denn jetzt?“, wollte ich wissen. „Du siehst auf einmal so entspannt aus.“

„Ich weiß auch nicht“, wunderte sich Joachim. „Mir geht's wieder richtig gut.“

„Was war das denn?“, wunderte ich mich selbst. Ich hatte doch noch gar nicht nach der anderen Angst geschaut. Und was sollte dies denn mit der Todesangst zu tun haben?

Wie auch immer, sein Problem war weg. Er wollte zwar immer noch, dass seine Frau ihm in einem solchen Fall Bescheid sagte, aber er hatte keine schlechten Gefühle mehr.

Aus reinem Interesse fanden wir dann noch heraus, was die Ursache dieser merkwürdigen Todesangst war.

Im Alter von drei Jahren hatte Joachims Mutter zu ihm gesagt, sie würde mal eben in den Keller gehen. In Wirklichkeit ging sie jedoch zwei Wochen ins Krankenhaus. Sie wollte ihm damit wohl den Abschied erleichtern. Wenn die Mama verschwindet, besteht jedoch für einen solchen Zwerg wirklich eine Todesgefahr.

Nun wurden seitdem alle Situationen, die ähnlich gelagert waren, mit einer Todesangst versehen.

Und tatsächlich, mit dieser Fragemethode war sie in null Komma nichts verschwunden.

Nun probierte ich diese Methode natürlich immer weiter – auch mit der Angst, nicht mehr glücklich sein zu können. Hier stellte ich jedoch fest, dass der Schritt zu groß war, gleich zu fragen, warum das Glück nicht in Gefahr sei.

Eva, die von ihrem Mann betrogen wurde, antwortete auf die Frage:

„Warum ist dein Glück deswegen nicht in Gefahr?“

„Mein Glück *ist* in Gefahr!“

Ich musste die Schritte also kleiner machen.

„Warum besteht denn deswegen keine Gefahr für deine Verbundenheitsgefühle? Kannst du dich weiterhin, mit wem auch immer, verbunden fühlen?“, wollte ich nun wissen.

„Hm, weiß nicht. Na ja, mit meiner Freundin vielleicht. Aber das ist doch nicht dasselbe!“, sagte Eva verzweifelt.

Ich wollte ihr aber nur klar machen, dass ihr Glück nicht in Gefahr war.

„Natürlich ist das nicht dasselbe! Aber kannst du weiterhin Verbundenheit fühlen?“, fuhr ich eindringlich fort.

„Ja, kann ich“, sagte sie.

„Wirklich?“, wollte ich wissen.

„Ja, wirklich“, bestätigte sie.

„Mit wem denn?“, wollte ich zum dritten Male wissen.

„Na, mit dir, meiner Freundin, meinen Eltern, meiner – oh, da gibt es ja ‘ne ganze Menge.“

Ich erkannte, dass hier eine dreimalige Wiederholung genügte und fuhr somit fort.

„Und kannst du auch noch etwas genießen?“, wollte ich als nächstes wissen.

„Nein!“, war die spontane Antwort.

„Könntest du noch etwas genießen, wenn du wolltest?“, konterte ich.

„Ja, das würde gehen“, wurde ihr klar.

„Na, dann kannst du doch auch genießen“, stellte ich fest.

„Ja, da hast du recht“, bestätigte sie.

„Also, dein Genuss ist dadurch nicht in Gefahr, richtig?“, wollte ich nun abschließend wissen.

„Nein, das ist er wirklich nicht“, sagte Eva, mittlerweile schon richtig erleichtert.

Das gleiche Spiel führten wir dann noch mit der Lust bzw. Vorfreude durch.

Damit hatten wir alle drei Glückszentren angesprochen, und Evas Unterbewusstsein war mittlerweile klar, dass ihr Glück wirklich nicht in Gefahr war. Sie war sofort entspannt.

Nun hatte ich eine Methode, mit der ich die Ängste mit all ihren Auswirkungen innerhalb von fünf Minuten auf „Normalmaß“ herunterfahren konnte. Normalmaß deswegen, weil das Glück und das Leben ja wirklich nicht in Gefahr sind.

Aber ganz zufrieden war ich noch immer nicht. Denn damit musste ich mir ja immer, wenn ein Problem auftauchte, die Angst „wegmachen“. Ich suchte jedoch den Herdplatteneffekt, mit dem sich das ganze Leben zum Glück ausrichten würde.

Da ich mich in meinen Beratungen von meiner Intuition führen lasse, geschah in der nächsten Sitzung Folgendes:

Manfred kam zu mir, weil er Probleme im Beruf und in der Beziehung hatte. Ich hinterfragte nur kurz seine Themen und schlug ihm ein Spiel vor:

„Hast du Lust, fünf Minuten mit mir zu spielen?“

„Klar“, erwiderte er.

„Besteht in den nächsten fünf Minuten eine Gefahr für dein Überleben?“, fragte ich.

„Na, du wirst mich schon nicht umbringen“, war ihm klar.

„Bist du dir da sicher?“, fragte ich – damit zum zweiten Mal.

„Ja klar“, war er sich sicher.

„Okay, dein Leben ist also nicht in Gefahr“, kam nun zum dritten Mal.

„Das ist richtig“, sagte er entspannt.

„Kann dir hier nun etwas geschehen?“, musste ich weiter fragen.

„Nein, natürlich nicht!“, war nun noch klarer.

„Bitte?“, fragte ich ein letztes Mal.

„Neiiin!“, war er nun absolut sicher.

„Wenn du nun in den nächsten fünf Minuten glücklich bist, besteht dann eine Gefahr für dein künftiges Glück?“, wollte ich nun wissen.

Denn durch meine Erfahrung mit der erzieherischen Ablehnung wusste ich, dass man sich heute schlechte Gefühle macht, um damit das Glück in der Zukunft zu sichern. Deswegen bekommt man schnell Angst, dass man in der Zukunft nur noch unglücklich ist, wenn man heute Glücksgefühle hat. Das klingt zwar bescheuert, aber das ist ja genau der Grund, warum ich heute unglücklich bin. Ich mache mich heute unglücklich, um damit jemanden (oft auch mich selbst) zu manipulieren, damit dadurch meine Welt in Ordnung kommt, damit ich dadurch glücklich werde. Diesen Denkfehler haben wir ja bereits zu Genüge analysiert.

„Nein, ich kann ja notfalls danach wieder unglücklich werden“, war die verblüffende Antwort.

Auch dies wiederholte ich fünf Mal.

Nun war er total entspannt und angstfrei. Ich wollte jedoch mehr!

„Kannst du dich gerade verbunden fühlen?“, wollte ich wissen.

„Ja“, war die knappe Antwort.

„Mit wem?“, fragte ich, um dieses Gefühl zu steigern.

„Na, mit dir und mit dem Raum hier“, antwortete er.

„Wieso?“, wollte ich wissen.

„Du bist mir sympathisch“, antwortete er.

„Und warum noch?“, schaukelte ich ihn hoch.

„Weil wir dasselbe Ziel haben – wir wollen glücklich sein“, wurde ihm deutlich.

„Genau, Gemeinsamkeiten lassen uns Verbundenheit spüren“, bestätigte ich ihn.

„Ach ja“, fuhr er fort, „ich habe in meiner Kindheit Ähnliches erlebt wie du!“

„Kannst du denn gerade auch etwas genießen?“, wollte ich als nächstes wissen.

„Ja klar!“, kam es wie aus der Pistole geschossen.

„Was denn?“, wollte ich mir erklären lassen.

„Unser Gespräch, dass die Sonne scheint, sogar die Verbundenheit, die ich mit dir habe, kann ich genießen“, steigerte er sich selbst hinein.

„Und auf was hast du gerade Lust?“, war mein letztes Anliegen.

Denn damit hätte ich alle drei Glückszentren gleichzeitig aktiviert, und das bedeutet Glück bis zum Anschlag.

„Ich habe Lust, mit dir weiterzuspielen“, konnte er ohne zu überlegen sagen.

„Ich habe auch Lust, das, was ich hier lerne, umzusetzen“, fiel ihm noch ein.

So, nun hatte er bereits Tränen in den Augen vor Glück.

„Kannst du dieses Gefühl die nächsten fünf Minuten halten?“, wollte ich aushandeln.

„Klar kann ich das“, sagte er zweifelsfrei.

„Machst du das auch?“, wollte ich bestätigt haben.

„Ja!“, war die knappe Antwort.

„Hand drauf!“, streckte ich meine Hand aus.

Er schlug ein.

Nun hatte sein Unterbewusstsein den Auftrag, ihn für die nächsten fünf Minuten so glücklich zu halten.

„Nun erkläre mir bitte noch mal dein Problem“, forderte ich ihn auf.

Er überlegte wirklich lange und sagte: „Ich finde es nicht!“

„Aber du bist doch wegen eines Problems hergekommen“, provozierte ich ihn.

„Ich weiß ja auch nicht, was da los ist“, sagte er verwundert.

Mir war jedoch klar, wenn ich ihn einfach nur in diesem Gefühl ließe, würde er es wieder umkehren, wenn er in die entsprechende Situation geriete.

Ich konfrontierte ihn also mit seinem Beziehungsproblem. Was nun geschah, verblüffte mich selbst. Er bewertete diese Situation immer noch als nicht okay, aber es war tatsächlich kein Problem mehr für ihn. Damit er sich jedoch ein für alle Mal für das Glück entscheiden konnte, führte ich nun einen Entscheidungsprozess durch. Natürlich hatte ich ihm vor dem „Spiel“ bereits alles über die Realitätsgestaltung, über die erzieherische Ablehnung, über die Gefühlszentren, über Zulassen von Gefühlen und über die Liebe erzählt, was er für die Umsetzung wissen musste.

„So, Manfred“, fing ich an, „was denkst du, wie du dein Glück leichter erreichen kannst? Wenn du dir schlechte Gefühle machst, um deine Angebetete damit zu manipulieren, oder wenn du gleich angemessene Glücksgefühle hast – also wenn es dir gleich so gut geht wie jetzt?“

„Natürlich wenn ich gleich glücklich bin. Das andere ist ja ein blödsinniger Umweg!“, war Manfred sofort klar.

Doch nun war mir noch wichtig, ihm klar zu machen, dass dieses Glücksgefühl auch für seine Zukunft wichtig war. Denn er wäre sicher nicht bereit gewesen, heute glücklich zu sein, wenn dadurch sein künftiges Glück oder sein Leben in Gefahr geraten würde.

Also fuhr ich fort:

„Mit welchem Gefühl bist du denn eigentlich kreativer, Manfred? Mit deinen alten Ablehnungsgefühlen oder so wie du jetzt gerade drauf bist?“

„Na, so wie ich gerade drauf bin!“, war ihm klar, da er es ja fühlen konnte.

Es ist sogar neurologisch bewiesen, dass sich durch Glückshormone wie zum Beispiel Dopamin die Hirnzellen vermehren. Auch die unmittelbare Kreativität steigt nachweisbar. Das war für Manfred jedoch nicht wichtig, denn er konnte es ja fühlen und als richtig bewerten.

„Und was glaubst du, wo du eine bessere Ausstrahlung hast? Im alten Muster oder im Glücksmuster?“, fuhr ich fort.

Seine Antwort war klar und eindeutig.

„Und wo hast du eine schönere Realitätsgestaltung?“, wollte ich als Nächstes wissen.

„Na, wo schon?“, antwortete er.

„In welchem Gefühl arbeiten dein Immunsystem und deine Selbstheilungskräfte besser?“, war mein nächstes Anliegen.

Ich bombardierte ihn weiter:

„Wo hast du mehr Kraft und Energie, etwas zu erledigen?“

Und noch weiter:

„Und mit welchem Gefühl ist es wahrscheinlicher, dass du dein Beziehungsproblem in den Griff bekommst?“

Seine Antwort war wiederum klar.

„Das bedeutet doch, mit dem Glücksfokus, wie ich meine Methode nenne, bist du unmittelbar an deinem Ziel! Du bist sofort glücklich. Das genügt ja schon.

Aber das Geniale daran ist, wenn du trotzdem dein Ziel so sicher wie möglich erreichen möchtest, ist auch dafür genau dieses Gefühl das sicherste!“, fasste ich zusammen.

Da er gerade noch in diesem schönen Gefühl war, stellte ich noch eine Frage, die ansonsten erfahrungsgemäß immer wieder die Umsetzung blockiert:

„Wenn du nur noch so glücklich bist wie jetzt, werden dir deine Ziele dann nicht gleichgültig?“

„Ganz im Gegenteil!“, antwortete er. „Ich merke ja jetzt schon, dass ich voller Tatendrang bin.“

„Na klar, es gibt zwei Gefühle, die uns zu etwas motivieren: Angst und Lust. Du kannst aus Angst vor dem Verhungern arbeiten oder aus Lust an dieser Tätigkeit. Wo arbeitest du besser?", konnte ich ihm erklären.

„Ja, jetzt wird mir klar, warum ich bereits unruhig bin. Ich habe Lust, mein Beziehungsthema nun endlich richtig anzugehen! Die ganze Zeit wollte ich es lösen, weil ich Angst vor Einsamkeit hatte. Nun wird mir alles klar!", leuchteten seine Augen.

„Ignorierst du mit dieser Methode nicht einfach die Probleme?", war meine nächste Frage.

„Bestimmt nicht! Ich sehe ja immer noch alle Themen und strebe sogar noch die Lösung an. Ich mache mich dafür nur einfach nicht mehr unglücklich", antwortete er.

„Aber noch eine letzte Frage", wollte ich zum Abschluss noch geklärt wissen.

„Wenn du nur noch glücklich bist, kann man dir dann nicht auf der Nase rumtanzen, ohne dass du es merkst? Du bist ja dann sowieso glücklich!"

„Oh, wirklich nicht. Ich merke ganz deutlich, wo meine Grenzen sind. Die stecke ich auch klar ab! Aber ich bin nicht mehr bereit, mich dafür unglücklich zu machen. Ich merke gerade, so klar wie momentan war ich noch nie. Und das kommt sicher auch rüber", war ihm deshalb so bewusst, da er es ja fühlen konnte.

„Und jetzt noch die allerletzte Frage“, nervte ich ihn, um wirklich jeden Zweifel zu beseitigen.

„Wird dauerhaftes Glück nicht langweilig?“

„Langeweile ist kein Glück. Damit ist es ausgeschlossen!“, konterte er sehr schnell.

„Und außerdem haben wir mit unseren drei Glückszentren so viele unterschiedliche Glücksgefühle zur Verfügung, dass sich diese ständig abwechseln können“, ergänzte ich.

Damit sich nun nicht nur Manfreds Beziehungsproblem auflöste, sondern sich sein ganzes Leben zum Glück ausrichtete, gingen wir auf diese Art und Weise all seine Lebensthemen durch. Danach war es ihm wirklich nicht mehr möglich, unglücklich zu sein.

Es war wohl tatsächlich das eingetreten, was ich seit Jahren anstrebte:

Der Herdplatteneffekt!

Manfreds Leben änderte sich tatsächlich langfristig. Er hatte noch immer das Ziel einer glücklichen Beziehung, jedoch machte er sein Glück nicht mehr davon abhängig. Und bei dieser Ausstrahlung und dieser Motivation denke ich nicht, dass er noch lange warten musste.

Wenn ich bedenke, wie anders er nach dem Gespräch aussah: seine Augen, seine Gesichtszüge, seine Ausstrahlung – einfach alles.

Damit strahlte Manfred aus: „Ich bin glücklich und suche jemanden, mit dem ich dieses Glück teilen kann.“

Die Umsetzungsübung

So, im letzten Kapitel bin ich sehr genau auf die Umsetzungsübung eingegangen.

Nun aber das Ganze noch einmal einfach dargestellt:

Phase 1: Angst herunterfahren

„Ist in den nächsten fünf Minuten mein Leben gefährdet?"

Bitte begründe dir fünf Mal, warum das nicht sein kann.

„Wenn ich jetzt fünf Minuten glücklich wäre, ist dann mein künftiges Glück in Gefahr? Kann ich deshalb nie mehr Verbundenheit, Genuss oder Lust fühlen?"

Auch dies begründe dir bitte fünf Mal.

Nun ist deine Angst auf „Normalmaß" reduziert. Du fühlst dich leicht.

Phase 2: Glücksgefühle hochfahren

1. „Mit wem kann ich mich gerade verbunden fühlen?

Warum?

Mag ich denjenigen? Haben wir Gemeinsamkeiten? Dasselbe Ziel – auch glücklich zu sein?“

Vielleicht fühlst du dich ja sogar mit mir verbunden. Wie auch immer, fühle es!

Steigere dich auf diese Art und Weise in das Verbundenheitsgefühl hinein!

2. „Was kann ich gerade genießen?“

Auch hier gehe bitte wie bei der Verbundenheit vor (was kann ich gerade genießen? Warum? ...)

3. „Auf was kann ich mich gerade freuen? Auf was habe ich gerade Lust?“

Bitte wieder dieselbe Vorgehensweise.

Nun hast du alle drei Glückszentren voll aktiviert. Du bist angstfrei glücklich.

Phase 3: Der Vertrag

„Spricht irgendetwas dagegen, dass ich dieses schöne Gefühl fünf Minuten halte?“

„Ich kann also für die nächsten fünf Minuten so glücklich sein?“

„Klar kann ich das!“

„Es spricht ja nichts dagegen!“

„So, nun bin ich richtig glücklich und halte dies die nächsten fünf Minuten.“

Phase 4: Die Umentscheidung

Sieh dir das Thema, das du noch vorher als Problem bewertet hast, an. Du bleibst dabei aber in dem schönen Gefühl.

Nun geschieht Folgendes:

Du möchtest dieses Thema immer noch ändern. Du findest das immer noch nicht in Ordnung. Da du jedoch noch in dem schönen Gefühl bist, ist das Ganze für dich eher eine Aufgabe – ein Ziel. Du machst dich dafür nicht unglücklich. Der ganze Druck ist raus!

Nun stelle dir bitte noch folgende Fragen:

- „Wie kann ich mein Ziel, glücklich zu werden, wohl leichter erreichen – mit der alten Methode oder dem Glücksfokus?“
- „Mit welcher Methode bin ich denn kreativer – mit der alten oder dem Glücksfokus?
- „Und wo habe ich wohl eine bessere Ausstrahlung – alte Methode oder Glücksfokus?“
- „Und wo habe ich eine schönere Realitätsgestaltung?“

- „Wann habe ich eine bessere Intuition?“
- „Mit welcher Methode bin ich souveräner?“
- „In welchem Gefühl arbeiten mein Immunsystem und meine Selbstheilungskräfte besser?“
- „Wo habe ich mehr Kraft und Energie, etwas zu erledigen?“
- „Und mit welcher Methode ist es wahrscheinlicher, dass ich mein Ziel, welches ich ja noch immer anstrebe, erreichen kann?“
- „Wenn ich nur noch so glücklich bin wie momentan, werden mir meine Ziele dann nicht gleichgültig?“
- „Ignoriere ich mit dieser Methode nicht einfach die Probleme?“
- „Kann man mir, ohne dass ich es merke, auf der Nase rumtanzen, wenn ich nur noch glücklich bin?“
- „Wird dauerhaftes Glück nicht langweilig?“
- „Wie sieht denn jetzt mein Selbstwertgefühl aus?“
- „Bin ich mit der Glücksfokusmethode noch verletzlich?“
- „Muss ich jetzt noch irgendwelche Masken tragen, oder kann ich nun authentisch sein?“

Nun bemerkst du, dass die Glücksfokusmethode dir nicht nur heute zum Glück verhilft, sondern auch dein Glück der Zukunft sicherstellt!

Diese Methode ist das „Loslassen“, von dem jeder spricht. Denn du machst dein Glück nicht mehr von deinen Wünschen abhängig.

Und jetzt gehe bitte noch alle Themen und Lebensbereiche bewusst durch und entscheide, welche Methode hier die richtige ist, um glücklich zu sein.

Notfall-Fragen

In dem vorherigen Kapitel ist die Methode beschrieben, mit der du dein Leben umstellen wirst. Natürlich steht es dir zu, dass du es manchmal einfach noch nicht so richtig hinbekommst. Tja, das passiert mir auch noch ab und zu. Ich bin halt nebenberuflich auch noch Mensch. Nur kann man solche Situationen sofort sehr schnell entschärfen. Hierzu habe ich ein Notfallzettelchen entwickelt. Sollte in dir einmal ein schlechtes Gefühle aufsteigen, gehe diese Fragen durch:

- Warum besteht momentan keine Lebensgefahr? (5 x beantworten)
- Warum besteht hier keine Gefahr für meine Glücksgefühle Verbundenheit – Genuss – Lust? (5 x beantworten)
- Ich mache meine Gefühle selbst!!!
- Wen will ich mit meinen schlechten Gefühlen manipulieren und warum?
- In Wirklichkeit will ich Glücksgefühle!!!
- Warum ist Glücksfokus sinnvoller? (Gleich am Ziel/ Realitätsgestaltung/Ausstrahlung/Gesundheit etc.)
- Mit wem kann ich gerade Verbundenheit fühlen und warum? (mehrfach hineinsteigern)

- Was kann ich gerade genießen? (mehrfach hineinsteigern)
- Auf was kann ich mich gerade freuen? (mehrfach hineinsteigern)
- Wie gehe ich ab jetzt mit dieser Situation um?

Diese Fragen solltest du immer bei dir haben, denn wenn man sich mal so richtig an einem Problem festgebissen hat, kann man sich nur schwer selbst herausziehen. Diese Fragen zu beantworten fällt da doch um einiges leichter.

Nachwort

Ich hoffe, dass dich meine Geschichte angesprochen hat, und ich hoffe vor allem, dass nun die Glücksgefühle und die Liebe in deinem Leben die Oberhand gewinnen.

Damit es dir möglichst leicht fällt, all dies umzusetzen, zeige ich hier noch einige Stolpersteine auf, die sich in meinen Beratungen ständig wiederholen.

1. Eine zu hohe Erwartungshaltung

Zwei Tage nach einem Seminar kam eine Klientin in meine Beratung und sagte, nachdem ich nach dem Grund ihres Besuches gefragt hatte:

„Ich bin immer noch dick."

„Wie bitte?", fragte ich. Ich wusste gar nicht, was sie damit sagen wollte.

„Ich bin noch immer dick, und das bedeutet für mich nicht Glück!", sagte sie trotzig.

Das ist die sicherste Methode für einen Totalabsturz. Bitte sieh dies hier alles als einen Prozess, der beim einen etwas schneller geht und beim anderen etwas länger dauert.

2. Steht mir das überhaupt zu?

Das wird auch immer wieder gerne genommen. „Ich darf erst dann glücklich werden, wenn mein ganzes Umfeld oder zumindest meine Familie glücklich ist.“ Aus meiner Geschichte geht ja deutlich hervor, dass jeder für sein Glück selbst verantwortlich ist. Wenn du jedoch dieses Thema am Laufen hast, kannst du natürlich zum einen selbst nie glücklich werden, und zum anderen übst du natürlich einen gewaltigen Druck auf dein Umfeld aus.

„Los, nun werdet endlich alle glücklich!“, strahlst du aus. Wenn du schon möchtest, dass dein Umfeld glücklich wird, dann gib ihm auch die Chance. Und diese Chance bietest du, indem du es vorlebst. Mitziehen funktioniert viel besser als Schieben!

Also, lass das Glück für dich zu, strecke die Hand aus und nimm jeden mit, der mag.

3. Ich muss alle negativen Überzeugungen loswerden

Das ist die Überzeugung, die meines Erachtens die meisten Probleme bereitet.

In der Geschichte bin ich auf einige wenige Überzeugungen eingegangen, die Probleme bereiten. Natürlich gibt es unendlich viele. Auch ich hatte natürlich noch etliche andere.

Eine Überzeugung wie zum Beispiel „Ich muss mich weiterentwickeln“ bewirkt, dass ich Situationen erlebe, die das Gefühl in mir auslösen, mich weiterentwickeln zu müssen. Ich fühle mich also minderwertig, und mein Außen gibt mir „Lernaufgaben“. Wer diese Überzeugung hat, weiß wovon ich spreche. Dabei wäre das Leben ja so einfach, wenn klar wäre, dass man sich ja sowieso ständig weiterentwickelt. Ich kann mich ja gar nicht weiterentwickeln. In jedem Gespräch, mit jedem Buch, in jedem Seminar entwickle ich mich doch weiter. Nur wenn ich denke: „Ich muss mich weiterentwickeln!“, wird es zum Zwang.

Und so ist jede Überzeugung, in der ein „Muss“ vorkommt, ein Zwang, der das Gegenteil von dem bewirkt, was die Überzeugung erreichen will.

Bodo ist in seinen Büchern (siehe Buchempfehlungen am Ende dieses Buches) sehr ausführlich auf dieses Thema eingegangen.

Aber die ultimative Scheißüberzeugung ist für mich: „Ich muss alle negativen Überzeugungen loswerden!“, oder noch besser: „Ich muss meinen Kernglaubenssatz finden!“, oder auch: „Ich muss meine Grundmotivation herausfinden!“

Wahnsinn, was man da so alles erlebt. Man richtet seine Aufmerksamkeit auf Probleme, um diese dann auflösen zu können. Das funktioniert natürlich auch. Nur kommen für jedes aufgelöste Problem gleich drei neue!

Vergiss es bitte ganz schnell, wenn du auf Problemsuche gehen willst. Richte deine Wahrnehmung lieber auf das Glück. Wenn es dann doch noch Überzeugungen gibt, die einem glücklichen Leben im Weg stehen, finden die dich schon von ganz alleine.

4. Wie gehe ich mit meinen Kindern um?

In meiner Beratertätigkeit antworte ich regelmäßig auf Fragen, die im Support-Forum der Homepage **www.ella.org** gestellt werden.

Eine Anfrage von einer Frau namens Virginia bezog sich auf die Kindererziehung und lautete wie folgt:

> **Fröhlichen Tag**
>
> *Ich arbeite nachmittags in einem Hort als Lernhilfe, studiere auch Pädagogik und bin mir eigentlich immer sicher gewesen, dass die Arbeit mit Kindern das ist, was mich erfüllt und mich glücklich macht! Ich bekam dann diesen Nebenjob, und anfangs war es auch total lustig, die Kinder fielen mir jeden Tag um den Hals, einige hielten sich an meinen Beinen fest und freuten sich einfach, dass ich kam. Das war wunderschön, ich half ihnen bei der Aufgabe und kontrollierte, ob alles passte (die Kinder sind zwischen 6 und 10 Jahre alt). Nach zwei Monaten traute mir der Erzieher dann schon mehr zu und ließ mich mit der Hälfte der Kinder allein, und ich sollte eben*

dafür sorgen, dass sie ruhig sind und ihre Aufgaben erledigen. Bloß ich schaffe es nicht! Ich habe mir schon öfters auf dem Weg zur Arbeit das Gefühl vorgestellt, das ich gerne im Hort hätte, und es passierten immer wieder geniale Situationen, die mir alles erleichterten (z. B. hatten die Kinder dann plötzlich weniger Aufgabe oder waren schneller fertig und gingen in den Garten, und ich saß nur mehr mit zwei oder drei Kindern drinnen, oder ich durfte selbst mit ihnen rausgehen ...). Heute betreute ich zwei Kinder, die ihre Aufgaben machen wollten und drei Buben, die eine Strafaufgabe hatten und immer besonders im Mittelpunkt stehen. Sie waren mehr als laut, und je mehr ich ihnen sagte, sie mögen bitte leise sein, desto mehr Spaß hatten sie beim Lautsein (haha, da muss ich an „Mary“ [ein Buch von Bodo] *denken ☺. Ich stelle dann oft meinen Kopf total ab und werde richtig streng, muss aber, sobald ich die Kinder ansehe, lachen, denn am liebsten würde ich ja auch mitscherzen! Dennoch belastet mich das alles).*

Ich bin seither in einem Konflikt, denn ich mag erstens nicht darüber bestimmen, was Kinder tun und lassen sollen, und andererseits, wenn ich es dann tun muss, fühle ich mich machtlos, würde aber auch nicht bewusst Macht ausspielen wollen, wenn ich es könnte! Außerdem weiß ich jetzt nicht, ob ich vielleicht meine Berufswahl überdenken soll oder wie ich mich verhalten soll. Ich konzentriere mich schon ab und zu auf mein Glücksgefühl, und diese „schlimmen" Momente sind dann auch nicht wirklich schlimm, aber da ich sonst immer sehr glücklich bin, ist der Kontrast sehr groß. In diesen Situationen steigere ich mich dann sehr in alles hinein, da ich auch Angst habe, dass mich der Erzieher für unfähig hält! Da ich mich selbst oft als eins der Kinder fühle, möchte ich lieber mit ihnen etwas tun anstatt über sie bestimmen, das mache ich auch zum Beispiel beim Zeichnen oder Fensterfarben-Malen und eben beim Helfen mit der Aufgabe! Ich weiß, es gibt da bestimmte Erziehungsstile, die man lernen kann, aber ich glaube eher, dass ich diese Situationen erzeuge, denn ab und zu scheint es mir so, als ob der Grad des Schlimmseins der Kinder von meiner Tagesfassung und Sicherheit abhängt. Außerdem mache ich mir sowieso des Öfteren darüber Gedanken, wie man Kinder am besten erziehen soll. Sind Regeln jetzt gut oder schlecht?

--> Die Kinder freuen sich aber nach wie vor über mich und haben mich auch total lieb, testen aber eben immer meine Grenzen ...

Meine Antwort auf diesen Beitrag war:

Hallo Virgina,

dass du dir diese "Machtlos-Situationen" durch deine Wahrnehmung selbst anziehst, ist ja klar. Darauf möchte ich hier gar nicht eingehen. Darüber wurde hier schon viel geschrieben. Und du hast ja auch schon Erfolg damit. Nur, warum zieht es dich mit den Kindern immer wieder in die gleiche Richtung? Du scheinst davon überzeugt zu sein, dass man mit Kindern entweder Spaß haben kann, ODER man erzieht sie. Und immer wenn du sie erziehen willst, widerstrebt dir das. Viele von uns haben am eigenen Leibe erfahren, dass Erziehung nur über Maßregelung und „Liebesentzug" funktioniert. Wenn wir den Wertmaßstäben unserer Eltern entsprochen haben, erhielten wir Zuneigung, wenn wir etwas „Schlimmes" getan haben, fühlten wir uns abgelehnt (ob das dann wirklich so war, sei einmal dahingestellt). So haben wir dann am besten „funktioniert", denn Ablehnung wollten wir um alles in der Welt vermeiden. Nun denken wir auch heute noch, dass Erziehung so funktioniert – egal ob mit Kindern, unseren Partnern, Freunden oder wem auch immer. Immer wenn sich jemand nicht unseren Wertmaßstäben entsprechend verhält, „fahre" ich meine Zuneigung „künstlich" runter, um zu signalisieren, dass er sich gefälligst anders verhalten soll. Dabei geht's mir natürlich mindestens genau so schlecht, da ich ja MEIN Gefühl runterfahre! So, in der Erwachsenenwelt fällt das Ganze nicht so auf, wir halten es ja für normal. Wenn sich meine Partnerin anders verhält als ich es für richtig halte, erntet sie halt „ein bisschen" Ablehnung. So sollen wir natürlich auch Kinder erziehen. Und genau das widerstrebt dir aufs Übelste. Warum kann man nicht erziehen – die Wertmaßstäbe rüberbringen – ohne mit Zuneigung und Ablehnung zu jonglieren? Warum kann ich meine Partnerin nicht einfach lieben, genau so wie sie ist, egal wie sie sich gerade verhält, und trotzdem meine Überzeugungen mitteilen? Warum kann ich meine Freunde nicht einfach lassen wie sie sind, sie – wenn sie mich darum bitten – in ihrer Entwicklung unterstützen, aber nicht dabei verbiegen wollen, einfach, weil ich sie mag?

Und jetzt halt dich fest Virgina – es geht! Wenn ich mir das einfach erlaube, ist es ganz einfach. Ich weiß mittlerweile, welche Gefühle ich zu wem habe, und die mache ich mir nicht kaputt. Bei Kindern ist das für mich sehr einfach. Ich habe Lust, mit Kindern gemeinsam Spaß zu haben. Also tu ich's! Da muss mich meine 6-jährige Tochter schon manchmal bremsen – wenn ich anfange, Quatsch zu machen, gnade dir Gott. Die Kinder, die mit mir zu tun haben, wissen ganz einfach, dass ich sie mag, dass ich mit ihnen spiele, weil ich mit ihnen spielen WILL – sie wissen aber auch, dass ich als Erwachsener einen bestimmten Job habe. Mein Job ist es, Dinge, die mir wichtig sind, an den Mann (an das Kind) zu bringen. Das finden sie ganz normal. Sie wissen einfach, dass ich das mache, weil ich ihnen für ihr weiteres Leben helfen möchte. Das finden sie sogar cool.

Und dann noch eines: Ich sehe Kinder als „vollwertige" Menschen. Das behaupten zwar viele von sich, ich beobachte aber oft anderes. Ich verhalte mich Kindern gegenüber immer so, wie ich es auch von ihnen möchte. Ich antworte immer ehrlich – immer.

Ich beobachte z. B. Eltern, die sagen, es sind keine Süßigkeiten mehr da. Nach einem Wutanfall steckt wie durch ein Wunder doch noch etwas in der Tasche. Das ist vielleicht eine Kleinigkeit, aber ich möchte ja auch nicht angelogen werden. Beobachte doch einmal diese Eltern, wenn sie von ihren Kindern angelogen werden.

Ich respektiere auch die Würde. Wie oft erlebe ich, dass die letzten Schandtaten der Kinder vor versammelter Mannschaft ausgerollt werden. Ich sehe dann die Hilflosigkeit in den Kinderaugen, die mich groß anschauen und fragen: Warum verrät mich meine Mama?

Ich sehe Väter, die mit Kippe im Mund den Junior schlagen, weil er raucht. MAAAANN, was ist das für eine Welt?

Natürlich halte auch ich meine Versprechen und erledige meine Aufgaben, denn wenn ich einem Kind etwas versprochen habe, muss ich dies natürlich genau so einhalten wie umgekehrt.

Wenn ich mich so verhalte, sind wir eher Verbündete. Ich habe noch nie drohen müssen: Wenn du das nicht tust, dann ... Wir haben Abmachungen, und daran halten wir uns alle. Diese Beziehung hat bis jetzt noch kein Kind aufs Spiel gesetzt – und ich auch nicht.

Und dann natürlich das Wichtigste: Ich lebe meine Wertmaßstäbe vor. Ach ja, und ich nehme natürlich die Sorgen ernst, auch wenn sie aus meiner Sicht nicht tragisch sind. Doch wenn es das Kind belastet, ist es eben ernst und wichtig!

Virgina, ich habe hier einfach mal alles aufgeschrieben, was mir zu diesem Thema einfällt, nein, was mich mitunter sogar wütend macht, ohne dass das etwas mit dir zu tun haben muss. Aber ich hoffe, es hilft dir ein bisschen weiter. Es wäre schade, wenn jemand wie du, die ihr Herz an der richtigen Stelle trägt, sich entmutigen ließe.

Virgina, bitte lebe doch einfach deine Wertmaßstäbe vor. Andere mitzuziehen ist immer schöner als zu schieben.

Ich wünsche dir ein glückliches Leben und viel Freude in deinem Beruf – deiner Berufung.

Thomas

Auch von Eltern werde ich zu diesem Thema oft gefragt, wie man denn jetzt mit diesen Erkenntnissen umgehen soll.

„Habe ich bis jetzt alles falsch gemacht?“, werde ich oft gefragt.

Natürlich nicht. Jeder hat seine Wertmaßstäbe und seine Überzeugungen. Diese ändern sich im Laufe des Lebens natürlich. Ich kann mich aber immer nur innerhalb dieser

„Grenzen“ so gut und richtig wie möglich verhalten. Wenn sich diese Grenzen irgendwann erweitern oder verändern, bedeutet das nicht, dass vorher alles falsch war, sondern nur anders. Ich weiß auch heute nicht, ob ich in zehn Jahren noch dieselben Wertmaßstäbe haben werde wie heute, aber meiner Tochter kann ich ja nur das weitergeben, was mir heute zur Verfügung steht. Wenn mir in zehn Jahren dann auffällt, dass es anders hätte sein können, nutzt mir das heute auch nichts.

Jeder hat immer das Bestreben, innerhalb seiner Wertmaßstäbe das Richtige zu tun, und wenn ich heute etwas anderes als richtig bewerte, bedeutet das, dass ich ab heute die Chance habe, die Dinge anders anzugehen.

5. Abhängigkeit von anderen

Wenn es um die Realitätsgestaltung geht, denken viele, dass man die Realität besser gestalten kann, wenn mehrere ihre Energie darauf legen. Das würde aber doch bedeuten, dass andere meine Realität beeinflussen. Es ist aber nur meine eigene Wahrnehmung, mit der ich mir meine Realität, die ich erleben werde, aussuche. Meine Mitmenschen sind nur Mitspieler auf meinem Spielfeld. Wenn du allerdings davon überzeugt bist, dass man mit mehreren auch mehr Energie für eine Wunscherfüllung hat, wirst du das natürlich auch so erleben. Ich möchte diese Abhängigkeit jedoch nicht und habe mich deshalb für mein Weltbild entschieden.

Seminare und Beratungen

Ich hoffe, dass sich dein Leben nun immer mehr zum Glück und zur Liebe ausrichtet.

Weitere Informationen zu diesem Thema und zu meinen Seminaren und Beratungen findest du im Internet unter:

www.thomasklueh.de

Buchempfehlungen

Für mich sind die Bücher von Ella Kensington – dahinter verbirgt sich Bodo mit seinem Team, zu dem natürlich auch ich gehöre –

- „Mary“
- „Mysterio“
- „Die Kammer des Wissens“
- „Die 7 Botschaften unserer Seele“

das Beste, was ich je gelesen habe. Bodo schafft es, unser Thema in genialer Weise zu verpacken.

„Mary“ ist zum Beispiel eine Liebesgeschichte, in der man sich einfach wiederfindet. Man kann dies so richtig nachvollziehen.

„Mysterio“ ist eine total spannende und fesselnde Geschichte.

„Die Kammer des Wissens“ ist ein Science-Fiction-Roman, der seinesgleichen sucht.

„Die 7 Botschaften unserer Seele“ ist eine in Romanform geschriebene Übermittlung aller Informationen für Hardcore-Kopfmenschen.

Die meisten Menschen finden „Mary“ am besten. Ich persönlich fahre am meisten auf „Die Kammer des Wissens“ ab. Ich habe sogar schon Leute kennen gelernt, die den „7 Botschaften“ den Vorzug gaben.

Das Ausbildungsbuch: „Die Glückstrainer“ ist ein besonderer Leckerbissen, für alle, die etwas tiefer in die Materie einsteigen wollen.

Es ist ein dreistufiges Ausbildungsprogramm in Sachen Glück und Erfolg

„Nach einer aktuellen Sozialstudie streben fünfzig Prozent der Bevölkerung als höchstes Ziel an, glücklich zu werden. Das sind alleine im deutschsprachigen Raum 50 Millionen Menschen!

Nur wenige wissen jedoch, dass sich die Wissenschaft in den letzten Jahrzehnten sehr ausgiebig mit dem Thema Glück befasst hat und zu außerordentlich interessanten Ergebnissen gekommen ist.

Wer sich diese Ergebnisse zu Nutze macht, wird bei dem Wettlauf ums persönliche Glück immer die Nase vorn haben. Er wird glücklicher und erfolgreicher sein als alle anderen. Dies gilt für seinen Beruf als auch für seine zwischenmenschlichen Beziehungen.

Dieses Buch ist ursprünglich geschrieben worden, um professionellen Trainern und Beratern neue Möglichkeiten aufzuzeigen. Schnell wurde jedoch klar, dass es sich ebenso für alle Menschen eignet, die für sich selbst und andere zu einem wertvollen Berater in Sachen Glück und Erfolg werden wollen.“

Lest sie am besten alle und bildet euch euer Urteil selbst. Natürlich stehe ich auch auf die Bücher von Bärbel Mohr.

Hier ist für mich der klare Hit:

„Bestellungen beim Universum“

Hier wird man auf eine leichte, verspielte Art mit dem Thema „Wie gehen meine Wünsche in Erfüllung?“ konfrontiert.

Für mich war dies ein guter Einstieg in die Materie.

Bärbel, es funktioniert wirklich! Danke für deine Bücher.

Auch

„Die Prophezeiungen von Celestine“

und

„Gespräche mit Gott“

haben mich inspiriert. In diesen Büchern stecken zwar noch ein paar Einschränkungen, die ich so nicht sehe, aber sie sind eine echte Bereicherung.